# Théodore Jouffroy

# Mœurs des Américains

Essai

Le code de la propriété intellectuelle du 1er juillet 1992 interdit en effet expressément la photocopie à usage collectif sans autorisation des ayants droit. Or, cette pratique s'est généralisée dans les établissements d'enseignement supérieur, provoquant une baisse brutale des achats de livres et de revues, au point que la possibilité même pour les auteurs de créer des œuvres nouvelles et de les faire éditer correctement est aujourd'hui menacée. En application de la loi du 11 mars 1957, il est interdit de reproduire intégralement ou partiellement le présent ouvrage, sur quelque support que ce soir, sans autorisation de l'Éditeur ou du Centre Français d'Exploitation du Droit de Copie , 20, rue Grands Augustins, 75006 Paris.

ISBN : 978-1978171398

10  9  8  7  6  5  4  3  2  1

*Théodore Jouffroy*

# Mœurs des Américains

*Essai*

# Table de Matières

# MOEURS DES AMERICAINS[1]

## PARTIE I

Ce fut le 4 novembre 1827 que mistress Trollope, l'auteur de cet ouvrage, quitta Londres pour se rendre en Amérique. Elle était accompagnée de ses deux filles et du plus jeune de ses fils. Le but de son voyage était la fondation d'un établissement pour ce dernier à Cincinnati, capitale de l'état d'Ohio. Le navire qui les portait, atteignit l'embouchure du Mississipi le 25 décembre. Mistress Trollope avait fait la traversée avec son amie, la célèbre miss Wright, qui était alors très préoccupée du dessein philanthropique de démontrer l'égalité intellectuelle des nègres et des blancs. Pour exécuter ce dessein, elle avait acheté un terrain considérable à Nashaboa, au milieu des forêts vierges de l'état de Tennessee. Par ses ordres, une grande clairière y avait été pratiquée, et dans cette clairière, des cases avaient été construites et un défrichement commencé. Sa sœur mistress W.... avait présidé à ces travaux préliminaires et l'y attendait. C'était là que devait se faire l'expérience, sur une égale quantité de petits nègres et de petits blancs, élevés de la même manière et sans aucune distinction de traitement. Des collections de livres avaient été envoyées, des professeurs étaient engagés ; il ne manquait plus à Nashaboa que des enfants et miss Wright. Aussi était-elle très impatiente d'arriver, et mistress Trollope, qui lui avait promis de passer un mois avec elle dans son établissement, ne put demeurer que quelques jours à la Nouvelle-Orléans. Ces dames s'embarquèrent donc le 1er janvier 1828, sur un bateau à vapeur, et remontèrent le Mississipi jusqu'à Memphis, point le plus rapproché de Nashaboa, où elles eurent grand'peine à se rendre à travers des forêts sans chemins, et des ruisseaux sans ponts ni bacs. Le spectacle qui les y attendait répondait si peu aux brillantes illusions de miss Wright, que mistress Trollope reconnut au premier coup-d'œil l'imprudence de sa promesse. Le défrichement n'offrait à la vue que des troncs noircis, un terrain inculte, des hangards en bois désolés, et tout autour l'effrayante profondeur de la forêt animée seulement par les cris sauvages des bêtes féroces. Cette terre, qui voyait le soleil pour

---

1 Domestic manners of the Americans, by mistress Trollope. Londres, 2 vol. 1832.

la première fois, exhalait des vapeurs qui donnaient la fièvre. Tous les blancs l'avaient, et mouraient de peur et d'ennui. Un tel séjour convenait peu à de belles dames accoutumées à la vie délicate des salons aristocratiques de Londres. L'ardente imagination de miss Wright elle-même ne résista pas à l'aspect de ce lieu sauvage ; peu de mois après, elle avait rendu Nashaboa à ses propriétaires naturels, et se livrant à une autre mission, courait les villes de l'Amérique, donnant des séances publiques où elle enseignait les fondements de la certitude et les droits imprescriptibles de l'homme. Mistress Trollope ne l'attendit pas. Elle prétexta des craintes pour la santé de ses enfants, et après dix jours qui lui parurent bien longs, elle regagna Memphis, où elle s'embarqua de nouveau, le 1er février, sur un bateau à vapeur qui la déposa le 10, sur le quai de Cincinnati. C'est dans cette métropole de l'ouest qu'elle passa deux ans, tantôt à la ville, tantôt à la campagne, et qu'elle eut le temps de faire connaissance avec les mœurs des Américains. Elle y fut rejointe par son mari et son autre fils qui la quittèrent bientôt. Enfin, l'établissement essayé par son fils n'ayant point réussi, elle quitta elle-même Cincinnati avec ses enfants, au mois de mars 1830. Trois jours de navigation sur l'Ohio, les conduisirent à Wheeling, dans l'état de Virginie, au pied des Alleghanys. Elle traversa ces belles montagnes qui séparent le bassin du Mississipi des eaux de l'Atlantique, et divisent en deux régions distinctes le vaste territoire de l'Union. Elle avait passé deux ans dans celles de l'ouest, elle passa quinze mois dans les cités florissantes des états de l'est. Ils furent employés à visiter Baltimore, Washington, Philadelphie, New-York, Albany, la chute célèbre du Niagara et les rives du lac Erié. Enfin une lettre de son mari l'ayant autorisée à quitter un pays qui lui plaisait peu, elle s'embarqua à New-York au mois de juillet 1831, pour revenir en Angleterre, où son livre nous prouve qu'elle est heureusement arrivée, et où nous sommes convaincu qu'elle n'a pris aucune part aux diverses assemblées populaires qui ont si puissamment contribué au succès du bill de réforme.

En effet mistress Trollope n'a point rapporté de l'Amérique le goût des institutions américaines. Il n'y a pas une page de son livre qui puisse causez la moindre peine au tory le plus encroûté des trois royaumes, et il y en a des centaines que lord Eldon lui-même voudrait avoir écrites. La cause de l'église et de l'état peut moissonner des arguments dans le livre de notre voyageuse ; elle lui en apporte en foule, du pays même où il n'y a ni état ni église, où chacun est à soi-même son pape et son roi et tient à l'être. Dans ces forêts à peine ouvertes par la hache qui bordent le Mississipi, dans ces clairières déjà plus vastes et plus rapprochées qui s'étendent au revers occidental des Alleghanys, sur cette large plage, enfin, qui se montre toute entière au soleil entre ces montagnes et l'Atlantique, elle a vu le principe démocratique régner en maître, pur de tout mélange, libre de tout frein, développant à son aise tout le bien et tout le mal, qui est en lui. Là point de voisins menaçants qui le forcent à des concessions ; point d'aristocratie puissante qui l'oblige à l'hypocrisie ; point de vieilles habitudes qui le condamnent à la politesse et à la réserve. La nature humaine et lui, jetés sur une terre vierge et sans passé, isolée comme une île et grande comme un monde, organisant sur cette terre la famille et la tribu, le village et la cite, la province et l'état, créant les mœurs et les lois, les habitudes et les principes, tout, jusques aux vertus et aux vices, voilà le spectacle que présente l'union américaine. Quand des philosophes et des hommes d'état, curieux de connaître ce que peut produire le principe démocratique appliqué dans toute sa pureté et se développant sans obstacles, auraient rêvé à plaisir les meilleures conditions d'une grande expérience politique, ils n'auraient pas mieux trouvé. Mistress Trollope est allée voir cette expérience ; elle y est allée prévenue et pleine d'enthousiasme, elle en est revenue déconcertée et pleine de dégoût. La vieille Tamise qui l'avait vue s'embarquer donnant la main à miss Wright, l'a vue débarquer prête à la donner à lord Wellington. Elle était partie ultra-wigh, elle est revenue ultra-tory.

Aussi son livre a été une bénédiction pour les anti-réformistes. L'église et l'état ont tressailli de joie. Tous les vieux chasseurs de renards de l'Angleterre ont battu des mains, et la *Quarterly Review* a presque réimprimé ses deux volumes, dans l'énorme article qu'elle leur a consacré. Depuis le spirituel Voyage du capitaine Hall, la presse n'avait pas donné une si grande joie à l'aristocratie anglaise. Il n'y a pas une de ses idées, pas un de ses intérêts, pas une de ses haines qui ne se trouve servie ou caressée par cette production. Et dans quel moment lui est arrivée cette bonne fortune ? au plus chaud d'une lutte décisive entre le principe démocratique et elle ;

Théodore Jouffroy

entre deux défaites : le lendemain de la révolution de juillet et la veille du triomphe du bill de réforme. Qu'on juge du succès de mistress Trollope et de son livre dans les salons aristocratiques de Londres ! Ce succès a été étourdissant ; il a dû surprendre l'esprit sensé et effrayer la modestie pleine de réserve de l'aimable auteur. Elle venait d'admirer les extravagances de l'esprit démocratique en Amérique ; elle a pu admirer les folies de l'esprit aristocratique en Angleterre. Il est possible qu'au moment où nous écrivons, elle n'admire plus rien, si ce n'est les lois immuables de la nature humaine qui poussent aux mêmes extrémités les principes les plus opposés, et la providence de Dieu qui de la lutte de ces principes et des orages qu'ils soulèvent, sait faire sortir par une loi supérieure la vie et le progrès de l'humanité.

Nous croyons l'esprit de mistress Trollope tout-à-fait digne de s'élever à cette conclusion. Car on se tromperait beaucoup si on induisait de ce que nous venons de dire, qu'elle manque déjugeaient ou de modération ; elle a beaucoup de l'un et de l'autre, et rien ne le prouve mieux que la révolution même qui s'est opérée dans ses idées. C'est le privilège des esprits libres et sensés de changer d'opinions ; quiconque n'a pas renouvelé les siennes cinq ou six fois dans sa vie est un fanatique ou un sot, et le plus souvent l'un et l'autre, car l'un fait l'autre. Entre de pareils esprits et celui de mistress Trollope, il n'y a rien de commun. Par conscience autant que par raison, mistress Trollope veut être impartiale, et elle l'est autant que la portée de son esprit le lui permet. Mais son esprit a des bornes qui raccourcissent ses jugements ; il est sain et judicieux, il va droit et il pénètre, mais il ne s'élève pas. Elle voit les causes prochaines, elle ne voit pas les causes supérieures des effets qui la frappent. Elle n'a pas non plus cette faculté des grands esprits, de se voir eux-mêmes dans le spectacle qu'ils contemplent, jouant leur rôle, et faisant partie de la pièce ; elle oublie de se compter parmi les causes des impressions qu'elle reçoit. En un mot, elle n'arrive pas à cette ample vue des choses, du haut de laquelle tout s'explique, parce que tout se montre à sa place ; du haut de laquelle rien ne choque, parce que tout paraît ce qu'il doit être. Mistress Trollope est plus qu'une femme d'esprit, c'est une femme de sens ; il ne lui a manqué qu'une chose pour bien apprécier l'Amérique, c'est d'être une femme supérieure.

Ce qui lui est arrivé, est la chose du monde la plus simple. Elle a quitté l'Angleterre avec des idées et des habitudes qui n'étaient pas de même couleur ; ses idées étaient démocratiques et ses habitudes aristocratiques. Au fond, nous en sommes tous là, nous autres démocrates européens ; mais nous ne remarquons pas cette contradiction qui est en nous, et mistress Trollope ne s'en doutait pas. Ainsi faite, elle est tombée dans un pays où les habitudes, au lieu d'être venues avant les idées, sont venues après, et ne sont pas moins démocratiques qu'elles ; et ces habitudes ont violemment choqué les siennes. Or, comme on doute beaucoup moins de l'excellence de ses habitudes que de la vérité de ses idées, parce qu'on discute celles-ci et qu'on ne discute pas celles-là, mistress Trollope, obligée de choisir entre des habitudes conséquentes à ses idées, et des idées conséquentes à ses habitudes, n'a pas hésité : révoltée des habitudes démocratiques, elle a renié les principes qui les engendrent, et ouvert les yeux à la beauté des maximes aristocratiques. Qui pourrait s'en étonner ? Quant à moi, je trouve charmant ce choix divine femme, et cette naïve conversion. J'en voudrais beaucoup à mistress Trollope si elle n'eût pas gardé fidélité à nos bonnes habitudes monarchiques. Je déclare qu'en les sacrifiant à des idées, à de pures idées, elle se perdait entièrement dans mon imagination. J'en aurais conclu qu'elle n'a jamais été belle, et me souvenant de lady Morgan, j'aurais mis sur le compte de sa figure un libéralisme aussi impitoyable. Quelle femme, en effet, a pu jouir du pouvoir de sa beauté, et pourrait renoncer à un principe de gouvernement qui met la beauté sur le trône et le monde à ses pieds ? Car, qu'on ne s'y trompe pas, cet usage dépend de la constitution ; il émane du principe aristocratique, et si bien, qu'en Amérique, sous le régime du principe opposé, il n'y en a pas trace. Là les hommes, si l'on en excepte les prêtres, ne regardent pas les femmes, n'en tiennent aucun compte. Ils dînent à l'auberge pour ne pas les voir, même à table ; s'il y a fête, ils manifestent solitairement leur joie ; eux seuls prennent place au banquet ; les femmes sont reléguées dans une chambre voisine où on leur sert des biscuits et de la viande salée, et où elles attendent patiemment la fin du repas et l'heure du bal. Dans le salon et au théâtre, en leur présence, à côté d'elles, les hommes cèdent tranquillement à leurs démocratiques habitudes, comme, par exemple, de mâcher

Théodore Jouffroy

du tabac, de cracher sans cesse, et d'avoir ; constamment les pieds plus haut que la tête. Est-il possible qu'un principe qui engendre de telles mœurs soit vrai ; et le fût-il, sa vérité pourrait-elle être perceptible à une femme ?

Nous venons d'expliquer tout le livre de mistress Trollope. Ce livre n'exprime qu'une chose, l'antipathie profonde qui existe entre nos mœurs et les habitudes démocratiques. A ce titre, on ne saurait dire s'il nous en apprend plus sur les Américains que sur nous-mêmes ; car, s'il nous fait connaître l'esprit de leurs mœurs, il nous révèle en même temps celui des nôtres, que nous ne remarquons pas, et que nous ignorons profondément. Voyez plutôt ce qui nous arrive. Nous nous croyons des démocrates, parce que nous sommes en Europe les représentants du principe et des idées démocratiques. Ce rôle est beau : il a pour lui l'avenir, les idées contraires ayant gouverné le passé ; tôt ou tard, il placera la France à la tête de l'Europe. Considérez toutefois combien il s'en faut encore que nous soyons à la hauteur de notre mission et de nos idées. La république est la dernière conséquence, la conséquence rigoureuse du principe démocratique ; les têtes logiques, c'est-à-dire les jeunes têtes, le sentent ; et de temps en temps, à coups de fusil, dans les rues, elles somment la nation d'être conséquente. Comment la nation répond-elle à l'invitation ? A coups de fusil. Ce n'est pas tout : il y a trente ans, cette même nation, jeune alors et logique aussi parce qu'elle était jeune, échappée depuis trois ans à l'ancien régime, arriva tout droit, et par le plus court chemin, à la dernière conséquence des principes qu'elle venait de proclamer. Elle se mit en république. Comme en Amérique, tout fut électif, et tous furent électeurs. La souveraineté fut subdivisée en trente millions de parties, et chacun en prit sa part, les prolétaires comme les autres et plus que les autres. Quand tout le monde fut citoyen, quand tous les citoyens furent égaux, quand tous les égaux furent souverains, qu'arriva-t-il ? Que tout le monde se mit à trembler et à rire ; à trembler, parce qu'on coupait des têtes, ce qui ne tenait que fort indirectement au principe ; mais à rire, parce que cet état de choses, en lui-même et indépendamment de l'incident des têtes coupées, parut souverainement absurde et grotesque à la raison publique. Ce rire fut si franc, que nos théâtres en retentissent encore, si unanime, qu'on se dépêcha bien vite de casser la république, et pour se dédommager, de prendre un tyran, c'est-à-dire quelque chose de mieux qu'un roi. Depuis, la raison publique, a fait des pas: elle est plus démocrate que jamais ; qu'on essaie de lui faire de l'aristocratie, et l'on verra ; mais parlez-lui de la république passée, montrez-lui la nouvelle frappant à la porte, elle hausse les épaules. Nous nous ferions tuer pour démocratiser l'Europe, et nous nous faisons tuer pour ne pas devenir républicains. Que signifie cela ? Nation héroïque, de grâce expliquez-vous ! Confiez votre secret à ces enfants que vous fouettez au collège s'ils n'acceptent pas vos principes, et que vous tuez dans la rue s'ils en soutiennent la conséquence ! Mais ce secret, la nation a, pour le garder, la meilleure des raisons : c'est qu'elle ne le sait pas elle-même. Bonne et naïve nation î quand elle argumente avec les républicains, quand ils lui montrent la contradiction dans laquelle elle tombe, elle est toute étonnée ; elle ne trouve rien à répondre, elle demeure convaincue de sa propre sottise, elle se croit inconséquente: comme si les nations l'étaient jamais ! Non la France ne l'est pas. C'est parce qu'elle est tout-à-fait conséquente qu'elle a l'air de ne l'être pas ; c'est parce qu'elle l'est à ses habitudes comme à ses idées et à ses idées comme à ses habitudes. C'est en vertu de ses idées qu'elle a rayé l'aristocratie de sa constitution et qu'elle est démocrate ; c'est en vertu de ses habitudes qu'elle a trouvé la république ridicule et qu'elle est monarchique. Il est vrai que ses habitudes ne sont point en harmonie avec ses idées ; mais ce n'est ni sa faute, ni celle de personne. Outre que les mœurs ont plus de racines que les principes, on doit remarquer que la révolution des mœurs présupposant celle des principes, il faut que la seconde soit accomplie pour que l'autre commence: c'est pourquoi les idées sont toujours obligées d'attendre les habitudes, dans une révolution. La France employa le dix-huitième siècle tout entier à transformer ses idées ; mais durant ces cent années, rien ne fut modifié dans ses habitudes : Diderot et Voltaire, M. de Mirabeau et M. de Robespierre vivaient en aristocrates. Aussi quand les idées de la France eurent proclamé la république, ses habitudes épouvantées la brisèrent ; la logique exclusive fut écrasée par la logique complète. La réaction des habitudes créa l'empire, qui fut renversé par la réaction des principes. Rien ne pouvait prendre, et de longtemps rien ne pourra tenir, an sein de ce conflit,

Théodore Jouffroy

qu'un gouvernement amphibie, milieu plus ou moins juste entre la monarchie et la république, s'accommodant tout à-la-fois aux habitudes et aux idées de la nation, sans contenter entièrement les unes ni les autres ; gouvernement mobile, inclinant toujours un peu plus vers les idées qui attendent, à mesure que les mœurs avancent, transformant ainsi peu-à-peu les unes par les autres et les rapprochant, destiné par sa mission même à être toujours accusé et toujours nécessaire tant que la contradiction qui l'a créé n'aura pas disparu, et à périr le jour où elle s'évanouira ; gouvernement de tapage et de lutte, pain béni des avocats et des gendarmes, mauvais pour l'art, mauvais pour la science, mauvais pour la philosophie, qui vivent d'unité et de repos, éminemment représentatif du reste, car il représente à merveille la contradiction qui l'a mis au monde ; gouvernement qui est le nôtre, que la force des choses nous donna en 1814 et que la révolution de juillet n'a fait que retourner, mettant du côté de l'avenir sa tête, qui, sous la restauration, était du côté du passé. Combien ce gouvernement durera-t-il, et pendant combien de temps seront impuissantes les tentatives républicaines: qui le sait ? Mais s'il a fallu cent ans pour changer nos idées ; s'il en a fallu cinquante pour faire passer la moitié de nos idées dans nos institutions ; qui oserait croire, qui oserait dire qu'il en faudra moins à nos institutions et à nos idées pour convertir nos habitudes ? nos habitudes qui ne sont pas *nôtres* comme nos idées, mais qui sont *nous*. Voilà le vrai secret de la France, la vraie vérité, celle qui répond à tous les faits et qui explique toutes les contradictions, celle qu'il faut dire aux hommes afin qu'ils comprennent les enfants, aux enfants afin qu'ils comprennent les hommes, aux uns et aux autres afin qu'ils s'épargnent et qu'ils s'aiment. Cette vérité, on ne la sait qu'à moitié, parce qu'on ne connaît que ses idées et qu'on ignore ses mœurs. Il faudrait, pour l'apprendre tout entière, que nous fissions tous, grands et petits, un voyage en Amérique. Là nous verrons les mœurs démocratiques telles que la vraie démocratie les fait ; là nous apprendrions à connaître les nôtres et la grande distance qui les sépare ; c'est pourquoi le livre de mistress Trollope est bon à lire en ce temps et en ce pays, et c'est pourquoi nous en donnerons quelques extraits. Nous ne partagerons pas au même degré toutes ses antipathies ; elle est femme et Anglaise : nous sommes Français ; elle a vu et senti les choses ; nous ne pouvons les voir et les sentir qu'à travers sa narration ; la différence est grande, et toutefois elle laissera subsister l'identité des impressions. Quant aux conclusions générales et aux jugements particuliers de mistress Trollope, nous ne pouvons eu aucune manière accepter les unes, et nous aurons à rectifier les autres. Disons quelques mots encore pour expliquer notre pensée.

Le raisonnement de mistress Trollope est continuellement celui-ci : Voilà des habitudes détestables ; or, elles découlent rigoureusement du principe démocratique ; donc le principe démocratique n'est pas moins détestable qu'elles. J'en demande pardon à mistress Trollope, mais il n'y a là de détestable que son raisonnement. Des habitudes ne sont jamais détestables pour les habitués ; et la preuve, c'est qu'ils les ont, et qu'ils ne les auraient pas s'ils les trouvaient mauvaises. Elles ne le sont que pour ceux qui en ont de contraires, et qui doivent les trouver telles, parce qu'ils en ont de contraires. On ne peut donc pas dire que des habitudes soient plus détestables que d'autres ; tout ce qu'on peut dire, c'est qu'elles sont différentes ; on ne peut donc rien en conclure contre le principe qui les engendre, sinon qu'il engendre des habitudes différentes. Voilà tout ; et cette remarque suffit pour détruire les accusations de mistress Trollope contre le principe démocratique. Encore une fois, tout ce qui résulte de son livre, c'est que les mœurs démocratiques sont antipathiques aux nôtres ; mais il n'en résulte nullement que le principe démocratique qui gouverne les Etats-Unis, soit plus vrai que le principe aristocratique qui gouverne l'Angleterre.

Avec plus de supériorité dans l'esprit, mistress Trollope aurait vu cela. L'horreur des Américains pour l'aristocratie des mœurs anglaises, dont elle cite tant de traits, aurait dû le lui révéler.

Voilà pour la conclusion générale de son livre ; une autre méprise vient souvent égarer ses jugements particuliers.

L'ensemble des mœurs américaines dérive du principe de gouvernement qui régit l'Amérique ; et dans le plus grand nombre des cas, il est facile de rapporter logiquement l'un à l'autre. Toutefois on rencontre dans les mœurs américaines un assez grand nombre de détails qui sont tout-à-fait contradictoires aux idées démocratiques. Mistress Trollope prend plaisir à signaler ces détails, et elle les reproche le plus sérieusement du monde aux Américains, comme autant d'inconséquences choquantes. Elle va même quelquefois jusqu'à en conclure que le surplus de leurs habitudes n'est qu'une orgueilleuse affectation de républicanisme, une hypocrisie libérale. Ici, comme il arrive toujours, mistress Trollope est injuste parce qu'elle manque de lumières. Quelque influence qu'exerce sur les mœurs d'une nation l'institution politique qui la régit, elle ne les produit pas à elle seule. Il est d'autres causes qu'elle n'étouffe point, et qui concourent avec elle. Elle n'abolit pas les lois éternelles de la nature humaine qui sont antérieures à toutes les formes de gouvernement, et qui survivent à toutes ; elle ne supprime ni le climat, ni la position géographique, ni l'influence plus ou moins civilisante, attachée à telle ou telle manière de vivre ; elle n'extirpe pas même entièrement toutes les vieilles habitudes, tous les vieux préjugés contraires à son esprit, qui ont pu s'implanter dans la nation avant son avènement, et que le temps a transformés en articles de foi. On n'explique jamais rien, et les mœurs d'une nation moins que toute autre chose, par un seul principe ; les affaires de ce monde ne sont pas si simples. Toutes ces causes et beaucoup d'autres agissent sur les habitudes d'un peuple en même temps que l'institution politique, et comme elle, y produisent leurs effets. Qu'il arrive que ces effets ne soient point en harmonie avec l'institution politique, cela peut être ; qu'on remarque et qu'on fasse remarquer la contradiction, j'y consens: mais qu'on qualifie cette contradiction d'inconséquence, c'est ce que je ne puis admettre. Ces effets ne sauraient être conséquens.au principe politique, puisqu'ils n'en dérivent pas ; tout ce qu'on peut exiger, c'est qu'ils le soient aux principes qui les produisent, et ils le sont toujours ; car il n'y a jamais d'inconséquence dans les choses qui se produisent naturellement. Nom ne nous appesantirons pas davantage sur cette remarque, mais nous nous en servirons pour rectifier quelques-uns des jugements de mistress Trollope. Nous nous hâtons de clore ce long préambule, et d'arriver aux extraits que nous avons promis, et qui auront beaucoup plus d'intérêt pour le lecteur.

La maxime fondamentale du gouvernement démocratique, c'est que tous les hommes sont égaux. Aucune autre n'est entrée plus avant dans l'esprit des Américains, et cette proposition est considérée comme un axiome d'un bout à l'autre des Etats-Unis. La phrase « je vaux autant que vous » y est incessamment répétée par les uns, et n'y est jamais contestée par les autres les conséquences de cette idée sur les mœurs du pays, et les singularités qu'elle y a semées, sont curieuses à suivre dans l'ouvrage de mistress Trollope. Nous nous arrêterons d'abord à en citer quelques traits.

Le premier symptôme d'égalité républicaine qui frappa mistress Trollope, fut de trouver une marchande de modes à la tête de la belle société de la Nouvelle-Orléans. Bientôt ces symptômes se multiplièrent, et devinrent très désagréables à notre voyageuse ; car cette égalité se traduisait, à l'auberge et sur le bateau à vapeur, en exigences et en susceptibilités qui imposaient de fortes restrictions à son libre arbitre. La voici débarquant à Memphis, écoutons-la :

« La société du bateau à vapeur m'avait donné le besoin de la solitude, et j'aurais donné beaucoup pour dîner dans ma chambre ; mais miss Wright m'apprit que c'était impossible : la maîtresse de la maison aurait considéré cette proposition comme une injure, et l'aurait certainement rejetée. Je me résignai donc, et quand la grosse cloche se fit entendre, nous nous rendîmes à la Salle à manger. La table était de cinquante couverts, et déjà presque pleine. Nous avions l'honneur d'être placés près de la *dame* du logis ; mais de peur qu'une telle distinction ne nous enorgueillit, mon domestique William était assis de l'autre côté en face de moi. La société était composée des boutiquiers de la petite ville, classe d'hommes qu'on appelle négociants dans toute l'étendue de la république. Le maire qui était un ami de miss Wright se trouvait aussi parmi les convives. Nous apprîmes que, depuis l'érection de cet hôtel, les habitants mâles de la ville avaient pris l'habitude d'y déjeuner et d'y dîner. — Ils mangèrent dans le plus profond silence, et avec une rapidité telle qu'ils avaient fini avant que nous eussions commencé. Ils se levèrent aussitôt sans dire un mot, et ils furent immédiatement remplacés par une seconde fournée qui mangea avec la même promptitude et le même silence. On n'entendait que le bruit des fourchettes et des couteaux, et celui que produit l'éternelle expectoration des Américains. Il n'y avait là aucune femme que l'hôtesse et nous. Les bonnes femmes de Memphis s'estimaient heureuses d'être délivrées à ce prix du soin de faire la cuisine, et tandis que leurs maris prenaient leur part des savantes préparations de l'hôtel, elles se régalaient au logis de *champignons* et de lait.»

Mistress Trollope est encore plus malheureuse à Cincinnati :

« En arrivant à Cincinnati, nous descendîmes à l'hôtel Washington, et nous nous estimâmes heureux quand on nous dit que nous arrivions tout juste à temps pour dîner à table d'hôte ; mais lorsque la porte de la salle à manger s'ouvrit, nous fûmes bien désappointés en voyant de soixante à soixante-dix hommes déjà assis et mangeants. Nous battîmes en retraite, et obtînmes de dîner avec les femmes de la maison. Le soir, n'ayant aucune envie de souper avec les soixante-dix gentilshommes du matin, ou avec la demi-douzaine de dames assises au comptoir, je demandai du thé dans ma chambre. Elle était assez grande, et garnie d'un lit assez propre ; mais elle n'avait point de tapis, et des bandes de papier peint, pendantes devant les fenêtres, la rendaient fort sombre. Cette manière de rideaux est d'un usage général en Amérique : quand on veut de la lumière ou de l'air, on est obligé de les rouler et de les accrocher à des anneaux, fichés dans le cadre de la fenêtre. »

« Bientôt on nous apporta le thé avec l'inévitable escorte de bœuf salé et de confitures sèches qui l'accompagne en Amérique. Nous prîmes notre thé, et nous commencions à goûter le plaisir d'être entre nous, et de causer de nos futurs arrangements, quand un grand coup frappé à la porte vint nous interrompre. Je priai d'entrer, et nous vîmes paraître un majestueux personnage qui nous apprit qu'il était notre hôte.

Y a-t-il ici quelqu'un de malade ? demanda-t-il.

— Vous êtes bien bon, monsieur, lui répondis-je, nous nous portons tous bien.

Alors, madame, je dois vous dire que je ne puis m'accommoder de cet arrangement. Nous avons ici un thé de famille, et il faut que vous viviez avec moi ou avec ma femme, ou que vous quittiez ma maison.

Cela fut dit d'un ton d'autorité qui admettait à peine la réplique. Je hasardai toutefois d'alléguer pour ma justification que nous étions étrangers et point accoutumés aux visages du pays.

Nos usages sont de très bons usages, madame, et nous n'avons aucune envie de les changer contre ceux d'Angleterre.

«Quand je lus plus tard l'Anne de Geierstein de Scott, je reconnus mon hôte de Cincinnati dans l'excellent portrait de cet aubergiste des rives du Rhin qui fait manger, boire et dormir ses hôtes précisément où, quand et comme il lui plaît. Je ne poussai pas plus loin mes humbles remontrances, et je me hâtai de chercher un logement. »

Il faut convenir que dans un auberge, placée sous l'invocation de Washington, il est triste d'être aussi peu libre, et mistress Trollope fit bien de louer au plus vite une maison ; mais les inconvénients de l'égalité l'y poursuivirent ; voici un morceau qui nous paraît plus propre qu'aucun autre à donner une idée de la susceptibilité qu'elle engendre dans les dernières classes de la société, et des ennuis qui en résultent pour les autres.

« La plus grande difficulté d'un établissement dans l'Ohio est celle de trouver des domestiques, ou, comme on dit en Amérique ; des *gens qui vous aident* ; car c'est presque un crime contre la république d'appeler domestique un citoyen libre. Toute la classe des jeunes filles qui ne peuvent gagner leur vie qu'en travaillant, est élevée dans l'idée que la plus abjecte pauvreté est préférable au service domestique. Des centaines de femmes à demi nues travaillent dans les moulins à papier ou dans toute autre manufacture, pour la moitié des gages qu'elles recevraient dans une maison ; mais elles pensent que la domesticité compromettrait leur égalité, et il n'y a guère que l'envie d'obtenir, quelque article de toilette qui puisse, les déterminer à s'y soumettre. Cependant un de mes amis se donna tant de mal pour me procurer une fille, qu'un matin j'en vis entrer une chez moi. C'était une grande et forte personne qui se présenta elle-même en me disant: Je viens pour vous aider. Cette nouvelle m'était trop agréable pour que je n'accueillisse pas bien celle qui me l'annonçait. Je lui demandai donc ce que je lui donnerais par an.

« Seigneur Dieu ! s'écria la demoiselle avec un gros rire, on voit bien que vous êtes une Anglaise. Sur ma foi, j'aimerais bien à voir une jeune demoiselle (*lady*) s'engager à l'année en Amérique ! J'espère bien trouver un mari avant peu de mois ; autrement je serais tout-à-fait une vieille fille, car j'ai déjà dix-sept ans ; et puis peut-être faudra-t-il que j'aille à l'école. Vous me donnerez un dollar et demi par semaine, et Philis, l'esclave de ma mère, viendra une fois par semaine de l'autre côté de l'eau, pour m'aider à nétoyer. »

« J'acceptai le marché avec une respectueuse soumission, et, voyant qu'elle se préparait à se mettre à l'ouvrage avec une robe jaune, parsemée de roses rouges, je lui dis doucement, que c'était dommage de salir une si jolie robe, et qu'elle ferait mieux d'en mettre une autre. *

« Mon dieu ! c'est ma meilleure et ma plus mauvaise, me répondit-elle ; car je n'en ai pas d'autre. »

« Et en effet je trouvai que cette jeune *demoiselle* avait quitté la maison de son père sans autres vêtements que ceux qu'elle portait. Je lui donnai aussitôt de l'argent pour acheter ce qui était nécessaire, et nous nous mîmes à l'ouvrage, mes filles et moi, pour lui faire une jupe. Elle applaudit d'un sourire quand la besogne fut terminée ; mais jamais nous n'en eûmes une parole de remercîments, non plus que pour aucune autre chose que nous avons pu faire pour elle. Elle ne cessait de nous demander quelques-unes de nos hardes à emprunter, et lorsque nous refusions : « A la bonne heure, disait-elle ; mais je n'ai jamais vu gens aussi regardants que vous. Il y a des jeunes *demoiselles* de ma connaissance qui vivent auprès des vieilles femmes de la ville, et elles et leurs filles leur prêtent tout ce qu'elles demandent. Je parie que, vous autres Anglaises, vous pensez que nous empoisonnerions vos habits, comme si nous étions des négresses ». Et ici j'ai besoin de dire aux lecteurs que ce ne sont point des conversations faites à loisir que je leur donne. Toutes celles qu'ils trouveront dans ce livre ont été écrites le jour même, avec toute la fidélité que ma mémoire y a pu mettre.

« Cette jeune *demoiselle* me quitta au bout de deux mois, parce que je refusai un jour de lui prêter assez d'argent pour acheter une robe de soie pour un bal où elle voulait aller. « Alors, me dit-elle, ce n'est pas la peine que je reste ici plus longtemps. »

« Je ne saurais admettre qu'un tel état de choses puisse être désirable, ni qu'il soit avantageux à l'une des deux classes intéressées. Je pourrais écrire cent pages sur ce sujet, et cependant ne donner qu'une imparfaite idée de l'orgueilleuse et maladive susceptibilité qui tourmente ces pauvres créatures. Elle était si excessive dans plusieurs, que la compassion l'emportait en moi sur tout sentiment de déplaisir ou même de ridicule. Une de celles que j'eus était une jolie personne, à qui la nature avait donné les dispositions les plus douces et les plus aimables ; mais, ayant entendu répéter mille et mille fois qu'elle valait autant qu'une autre femme, que tous les hommes étaient égaux et les femmes aussi, et que c'était un péché et une honte pour une Américaine libre d'être traitée comme une servante, tous ses bons sentiments s'étaient aigris, et la gentillesse de ses manières s'était transformée en une susceptibilité que la moindre chose irritait.

« Lorsqu'elle apprit qu'elle devait dîner à la cuisine, sa jolie lèvre se contracta. « Je vois bien, dit-elle, que c'est parce que vous ne me trouvez pas assez bonne pour manger avec vous ». Je m'aperçus bientôt qu'elle ne mangeait presque pas, et qu'elle passait le temps du dîner dans les larmes. Je fis tout ce qui était en mon pouvoir pour la réconcilier avec sa condition et la rendre heureuse ; mais je suis persuadée qu'elle me haïssait. Je lui donnais de très gros gages, et elle demeura jusqu'à ce qu'elle eût obtenu différents articles de toilette assez coûteux. Alors un beau matin elle vint me trouver avec ses habits de fête, et me dit: « Il faut que je sorte. — Quand rentrerez-vous, Charlotte ? lui demandai-je. — Je crois, me dit-elle, que vous ne me reverrez pas. » Et voilà comment nous nous séparâmes. Sa sœur était aussi avec moi ; mais sa garde-robe n'était pas encore au complet : elle demeura quelques semaines encore, puis partit.

« Je crains qu'on ne me reproche de m'arrêter trop longtemps sur un sujet si vulgaire ; mais il caractérise si bien l'Amérique, que je me permettrai de citer encore un fait qui s'y rapporte. Peu de jours après le départ de ma belle ambitieuse, mes recherches d'*une fille qui m'aidât* furent si efficaces, qu'une autre jeune *demoiselle* parut devant moi avec la phrase consacrée: « Je viens pour vous aider ». On m'avait prévenue que, pour peu que je voulusse avoir celle-là et ne pas me mettre dans l'impossibilité absolue d'en trouver une autre, je ne devais me permettre aucune question sur son caractère ; ainsi, cinq minutes après son entrée, elle était engagée, installée, et circulait dans la maison comme un membre de la famille: elle n'était rien moins que jolie ; mais elle avait un air de simplicité et de franchise dans les manières qui nous gagna le cœur à tous. Pour ma part, je crus que j'avais trouvé une seconde Jenny Deans ; car elle me racontait des histoires de sa première jeunesse, dans lesquelles, à travers une armée de belles-mères méchantes, de frères avides et d'amoureux infidèles, son bon sens et sa fermeté de caractère l'avaient sauvée de bien des écueils. Entre autres choses, elle me dit un jour, avec l'apparence d'une vive émotion, que, depuis son arrivée dans la ville, elle avait trouvé un remède pour tous ses chagrins. « Et quel remède, lui dis-je ? — La religion, reprit-elle, et que Dieu soit loué de m'avoir fait cette grâce. » Puis elle me demanda la permission d'aller à l'assemblée tous les mardis et les jeudis soirs. « Cela ne nuira en rien à ma besogne, mistress Troloppe, ajouta-t-elle ; car notre ministre sait que nous devons remplir nos devoirs envers l'homme aussi bien qu'envers Dieu, et c'est afin que les uns ne traversent pas les autres, qu'il tient l'assemblée le soir et si tard. » Qui aurait pu se refuser à une pareille demande ? Je consentis, et Nancy eut la permission d'aller à l'assemblée deux fois par semaine, outre le dimanche.

« Un soir que les moustiques avaient trouvé le chemin de ma chambre, et m'empêchaient de dormir, j'entendis quelqu'un entrer dans la maison fort tard ' ; je me levai, je gagnai le haut de l'escalier, et à la lumière de la lune, je reconnus Nancy coiffée de son plus beau bonnet. Je l'appelai. «Vous rentrez bien tard, lui dis-je ; pourquoi cela ? « Oh ! mistress Troloppe, me dit-elle, notre troupeau s'est augmenté cette nuit de dix-sept âmes ; aussi la séance a été longue et très chaude ; je vais bien vite boire un verre d'eau et me coucher ; vous verrez que demain je ne m'en lèverai pas une minute plus tard pour cela. » Elle tint parole ; elle était très bonne servante ; elle faisait toujours plus qu'on n'exigeait d'elle, sans compter qu'elle trouvait encore le temps de lire la Bible plus leurs fois par jour. Je la voyais rarement occupée à quelque chose sans remarquer le livre près d'elle.

« A la fin, elle fut attaquée du choléra, et sa vie fut en danger ; je lui donnai tous les soins possibles, et je passai deux nuits presque entières à son chevet. Elle avait des moments de délire.

et toutes ses pensées semblaient avoir le ciel pour objet. « J'ai péché, s'écriait-elle, mais mon salut est en vous. Seigneur Jésus ! » — Lorsqu'elle fut rétablie, elle me pria de la laisser aller à la campagne quelques jours pour changer d'air, et me demanda de lui prêter trois dollars.

« Pendant son absence, une dame de la ville vint me demander, et s'informa, avec quelque agitation, si ma servante Nancy était à la maison ; je lui répondis qu'elle était à la campagne : Dieu soit loué ! s*écria-t-elle, ne souffrez pas qu'elle remette les pieds chez vous ; c'est la femme la plus abandonnée de la ville. On a dit à un gentilhomme qui vous connaît, qu'elle était à votre service, et qu'elle se vantait de pouvoir entrer dans votre maison à toutes les heures de la nuit. Elle me raconta ensuite beaucoup de circonstances qu'il n'est pas nécessaire que je répète, mais qui prouvaient clairement combien Nancy était un hôte dangereux.

« Je l'attendais le lendemain soir, et je crois que dans l'intervalle je ne fis autre-chose que chercher un prétexte pour lui donner son congé sans en venir à un éclaircissement. A la fin elle arriva, et toutes mes réflexions n'ayant pu me suggérer une autre raison, je lui donnai la véritable. Je n'aperçus pas la moindre altération sur son visage ; elle me regarda fixement et me dit du ton le plus civil : « J'aimerais bien à savoir qui vous a dit cela ». Je lui répondis qu'il était fort inutile qu'elle l'apprît, et que je désirais qu'elle quittât de suite la maison. « Je suis toute prête, dit-elle avec la même tranquillité ; mais comment nous arrangerons-nous pour les trois dollars ? — C'est tout arrangé, Nancy, lui dis-je, je vous souhaite le bonjour. — Alors je vais rassembler mes hardes, reprit-elle ; » et elle sortit. — Une demi-heure après, comme nous allions nous mettre à table, elle entra avec cet air composé et civil qui lui était habituel : « Je viens pour vous souhaiter toutes sortes de bonheur,» dit-elle ; et elle quitta la maison. »

Cette difficulté de trouver et de conserver des domestiques, engendrée par l'esprit démocratique, entraîne à son tour deux conséquences que signale mistress Trollope : la première, c'est que les femmes, obligées de mettre la main à tout, n'ont aucun loisir pour développer leur esprit ; de là leur profonde insignifiance dans tous les états où il n'y a pas d'esclaves ; la seconde, c'est que les classes riches sont infiniment plus distinguées, les femmes surtout, et la vie infiniment plus agréable et plus policée dans les provinces à esclaves : de là une raison de plus pour qu'elles résistent à l'abolition de l'esclavage. Tant il est vrai que l'excès, même dans les choses qui paraissent le plus favorables au bien de l'humanité, tourne toujours en définitive à son détriment. Cette même susceptibilité démocratique des classes inférieures se présenta à mistress Trollope sous une autre forme, durant son séjour à la campagne.

« Il n'y avait pas trois jours que j'étais établie à Mohawk, lorsqu'un couple d'enfants en haillons, vint me demander je ne sais plus quel remède pour leur mère qui était malade. Quand ils l'eurent, le plus grand tira de sa poche une poignée de petite monnaie, et me demanda combien il devait me donner. — Nous ne consommions pas tout le lait de notre vache ; on le sut et on vint me le demander, mais tous ceux qui se présentaient offraient de payer. — Lorsqu'ils virent enfin que la vieille Anglaise ne voulait rien vendre, je suis persuadé qu'ils ne l'en aimèrent pas davantage ; mais ils parurent penser que si elle était folle, ce n'était pas une raison pour qu'ils le fussent aussi, et ils ne cessaient de venir *emprunter* telle ou telle chose, comme ils disaient, mais toujours d'une manière et avec des formes qui mettaient à couvert leur dignité et leur indépendance. Une femme me faisait prier de lui prêter une livre de fromage ; une autre une demi-livre de café. Souvent une demande de lait m'arrivait avec la condition qu'il fût bien frais et non écrémé. Une fois le messager refusa le lait en me disant avec dignité: « Ma mère avait seulement besoin d'un peu de crème pour son café.»

« Je ne pus jamais leur persuader, pendant plus d'un an que j'habitai le village, que je n'entendais point vendre les vieilles hardes que je leur donnais. Ils étaient si obstinément décidés à faire du commerce avec moi, que tout en prenant ils me disaient : « A la bonne heure, mais je compte que vous me ferez travailler pour cela ; envoyez-moi chercher quand vous aurez besoin d'un coup de main. » Cependant comme je ne les envoyais jamais chercher, et qu'ils ne laissaient pas de me répéter constamment la même formule, je commençai à soupçonner qu'ils ne parlaient ainsi que pour éviter cette phrase, la plus odieuse de toutes aux Américains : « Je vous remercie. »

Ici encore il y a excès d'un bon principe, et cet excès produit du mal. La charité est une chose inconnue en Amérique, et la reconnaissance y est un sentiment insupportable. En revanche on y trouve l'orgueil sous toutes les formes possibles.

Mistress Trollope ne se trouva pas plus à l'abri des conséquences de l'égalité à la campagne qu'à la ville. Le passage qui suit est curieux sous plus d'un rapport.

« Dans les premiers temps, la familiarité extraordinaire de nos pauvres voisins de campagne nous confondait, et nous ne savions ni comment recevoir leurs étranges avances, ni de quelle manière nous devions y répondre. Cependant cette familiarité produisait quelquefois des scènes très plaisantes. Un jour mes deux fils étaient allés faire une promenade de découverte sur les collines du voisinage ; leur retour se fît attendre, et nous nous décidâmes à aller à leur rencontre. Nous savions la direction qu'ils avaient prise, mais nous trouvâmes bon cependant de frapper à la porte d'une petite auberge située au pied des collines, afin de savoir si on les avait vus passer. — Une femme que je ne puis mieux comparer qu'à celles qui vendent des herbes au marché de Covent-Garden, sortit, et répondit affirmativement à notre question du ton le plus familièrement jovial ; mais elle ne s'en tint pas là, et se joignit à nous pour nous aider dans notre recherche. — Son air, sa voix, ses manières, étaient si extraordinairement incultes et véhéments, que j'en fus presque effrayée: elle passa son bras sous le mien, et à l'amusement inexprimable de mes enfants, elle me traîna à la remorque en m'accablant de son babil et de ses questions. Sa maison n'était pas loin de la nôtre, et je suis convaincue qu'elle cherchait à se montrer bonne voisine ; mais sa violente intimité me fit si peur, que je n'osai jamais depuis franchir le seuil de sa porte. Elle n'appelait mes enfants, mes fils compris, que par leurs noms de baptême, excepté toutefois lorsqu'elle y substituait le mot mon cœur. — J'ai remarqué depuis que cette familiarité de dénominations était universelle dans les États-Unis et commune à tous les rangs.

« Mes voisines ne me désignaient, entre elles, que sous le titre de la vieille femme anglaise », mais en parlant de l'une d'elles, elles employaient constamment le terme de *lady*. Elles trouvaient

Théodore Jouffroy

évidemment du plaisir à s'appliquer ce mot, car j'ai mille fois observé qu'en parlant d'une voisine, au lieu de dire tout simplement *mistress une telle*, elles prenaient la périphrase descriptive et disaient, la *lady sur le chemin de la rivière*, la *lady qui fait des chandelles*. — M. Trollope était aussi constamment appelé « le *vieil homme*, » tandis que des charretiers, des garçons bouchers, des ouvriers sur le canal, recevaient invariablement la dénomination de *gentlemen*. — J'ai même vu un jour l'un des citoyens les plus distingués de Cincinnati, présenter à un de ses amis un pauvre diable en simple veste, et les manches de la chemise horriblement sales, avec la formule ; « Mon cher, « permettez-moi de vous présenter ce gentilhomme. »

« Je tenais certainement fort peu à nos titres respectifs ; mais les éternelles poignées de mains de ces *ladies* et de ces gentlemen étaient réellement une chose insupportable, surtout quand en s'approchant d'eux, leur qualité s'annonçait de loin par l'odeur du whiskey et du tabac.

«Mais ce qui me déplaisait par dessus tout de cette égalité républicaine, c'étaient les fréquentes visites qu'elle me procurait.' Fermer sa porte est une chose dont personne ne s'avise dans l'ouest de l'Amérique. On m'avertit qu'une telle licence serait considérée comme un affront par tout le voisinage. J'étais ainsi exposée à me voir troublée à chaque instant et de la manière la plus déplaisante par des gens que souvent je n'avais jamais vus, et dont plus souvent encore les noms m'étaient absolument inconnus.

Les indigènes, accoutumés à cet usage, emploient pour le supporter, une méthode que je n'ai jamais pu prendre sur moi d'appliquer. Vingt fois j'ai vu des personnes de ma connaissance ainsi envahies par des visites, sans avoir l'air d'en être le moins du monde troublées ; elles continuaient leur occupation ou leur conversation avec moi, à-peu-près comme si de rien n'eût été. — Quand le visiteur entrait, elles lui disaient: « *Comment vous portez-vous ?* » et lui secouaient la main. — « *Assez bien ; et vous ?* » était la réponse du visiteur, et là se bornaient les civilités. Si le nouveau venu était une femme, elle ôtait son chapeau ; si c'était un homme, il gardait le sien ; puis, prenant possession de la première chaise qu'il trouvait, il s'y établissait et restait là une heure sans dire un seul mot. A la fin il se levait tout-à-coup en disant: « Il est temps que je m'en aille, je crois. » Puis, après une nouvelle poignée de main, il s'en allait avec l'air parfaitement satisfait de la réception qu'on lui avait faite.

« Il n'était pas en mon pouvoir de conserver cette philosophique tranquillité. Je ne pouvais tant qu'on était là, ni lire, ni écrire, et je me figurais toujours que je devais entretenir la personne qui m'honorait de sa visite. Je vais donner au lecteur le procès-verbal d'une de ces conversations, rédigé immédiatement après l'événement ; ce sera un échantillon du ton et des idées des visiteurs qui me venaient. Cette fois c'était un laitier.

« Eh bien ! vous voilà donc maintenant loin de la vieille terre. Ah ! vous avez bien des choses à voir ici, j'imagine.

— J'espère effectivement en voir quelques-unes.

— C'est un fait. — Ah ! çà, je pense bien qu'il n'y a pas assez de place dans votre petite île, pour qu'il y croisse du blé d'Inde (maïs) de la beauté de celui que vous voyez ici.

— Il n'en croît point du tout, monsieur.

— Est-il possible ! Alors je ne m'étonne plus des terribles histoires que nous lisons dans les papiers, que le pauvre peuple là bas meurt de faim et de besoin.

— Mais nous avons du froment.

— Oui, les riches, sans doute. Quant aux pauvres, je présume que ce n'est pas souvent qu'ils en ont chez vous.

— Vous en avez certainement en beaucoup plus grande abondance que nous.

— Je le crois bien ! — Et ne disent-ils pas aussi que si un pauvre homme est assez adroit là bas pour mettre quelques dollars l'un sur l'autre, votre roi Georges tombe sur lui et emporte tout ? Le fait-il réellement ?

— Je ne me rappelle pas avoir jamais entendu parler de pareille chose.

— Ah ! je pense qu'ils sont joliment discrets sur cela. — Vos gazettes ne sont pas comme les nôtres, je suppose ? Maintenant nous disons et imprimons tout ce qu'il nous plaît.

— Il me semble que vous dépensez bien du temps à lire les gazettes.

Théodore Jouffroy

— Hé ! je vous demande comment nous pourrions le dépenser mieux ? Que peuvent faire de mieux des hommes libres, que dé veiller sur leur gouvernement, et de prendre garde que ceux à qui ils donnent les places, fassent leur devoir et ne se donnent pas des airs ?

— Je pense pourtant quelquefois que vos clôtures pourraient être en meilleur état et vos routes mieux entretenues, si vous donniez moins de temps à la politique.

— Dieu soit loué ! on voit bien que vous ne savez guère ce que c'est qu'un pays libre. Qu'est ce qu'une bonne route en comparaison de la liberté d'un Américain né libre ; et qu'importe une barrière rompue par-ci par-là, auprès de savoir si les hommes que nous avons trouvé bon d'envoyer au Congrès, parlent proprement et comme nous leur avons donné mandat de parler.

— C'est donc par devoir alors, que vous allez au cabaret pour lire les gazettes.

— Il n'y a pas de doute, et qui ne le ferait pas, né serait point un véritable Américain né libre. Je ne dis pas que le père de famille doive toujours caresser la bouteille, mais je dis que j'aimerais mieux que mon fils s'enivrât trois fois par semaine que de le voir ne pas prendre souci des affaires de son pays. »

Voici un autre trait que cette conversation me rappelle et m'engage à citer.

« Notre petite maison de campagne avait un grand portique, dont l'ombre de plus leurs beaux accacias faisait une délicieuse chambre de repos. Nous y étions un jour, lorsque nous aperçûmes dans un champ, tout près, quelques travaux qui semblaient annoncer des projets de construction. Ces symptômes nous alarmèrent ; nous nous avançâmes vers les ouvriers, et nous leur demandâmes de quoi il s'agissait. « Il s'agit, nous dit l'un, d'un abattoir pour les cochons. » Il faut savoir que la quantité de cochons consommée en Amérique est immense, et que nous en voyions chaque jour de grand troupeaux se diriger vers la ville. Je fus donc fort effrayée de la nouvelle, et réfléchissant que le lieu choisi pour établir cette boucherie, était environné à peu de distance de différentes maisons appartenant à des personnes de distinction, je demandai à l'ouvrier si ces personnes ne s'y opposeraient point pour cause d'*incommodité* ? « Pour cause de quoi ? reprit-il avec étonnement. Je lui expliquai ce que je voulais dire. « Il n'y a pas de danger, mistress ; c'est bon pour un pays de tyrannie comme le vôtre, où l'on songe plus au nez d'un riche qu'à l'estomac d'un pauvre. Mais nous sommes trop libres nous, pour avoir une loi de cette espèce. »

« Une foule de petites circonstances semblables m'ont souvent rappelé, durant mon séjour en Amérique, la réponse que me fit un jour un vieux gentilhomme français à qui je parlais mal de la police et des gendarmes de son pays : « Croyez-moi, madame, il n'y a que ceux à qui ils ont à faire qui les trouvent de trop. » Le vieux gentilhomme avait raison. Les hommes que leurs propres sentiments de justice portent à ne point nuire aux autres, ne se plaignent jamais des restrictions de la loi. Toute la liberté dont l'Amérique jouit par-delà l'Angleterre, tourne au profit de ceux qui n'aiment pas l'ordre, et leur est accordée aux dépens de ceux qui l'aiment. »

Voici comment on reçoit dans une grande ville d'un pays démocratique, le chef suprême de l'état :

« La foule qui attendait sur le rivage était parfaitement tranquille. Lorsque le bateau qui portait le général Jackson toucha la rive, les gens qui étaient à bord poussèrent un faible huzza ; mais aucun signe de bienvenue n'y répondit de la terre. Ce froid silence ne provenait certainement pas d'un sentiment d'indifférence pour le nouveau président. A l'époque de l'élection, il avait été bien décidément le candidat populaire à Cincinnati, et, pendant plus leurs mois, nous avions été assourdis du cri de *Jackson for ever*, poussé dans les rues par l'immense majorité de la population ; mais l'enthousiasme n'est point la vertu, ou, si l'on aime mieux, le vice des Américains.

« Plusieurs voitures particulières attendaient sur le rivage, pour se mettre à la disposition du président ; mais elles s'en allèrent sur l'avis que son intention était de se rendre à pied à l'hôtel. Dès qu'on le sut, la foule silencieuse s'ouvrit avec beaucoup d'ordre, lui laissant un espace libre pour passer. Il s'avança, la tête nue, quoique la distance fût considérable et le temps très froid. A l'exception de quelques Anglais, il était le seul qui n'eût pas son chapeau sur la tête. Ses cheveux gris pendaient négligemment, mais non sans grâce ; et en dépit de sa rude et maigre figure, il avait la mine d'un gentilhomme et d'un soldat. Il venait de perdre sa femme, et son visage portait l'empreinte d'un profond chagrin. On me dit qu'ils s'aimaient tendrement, et ce ne fut pas sans une vive peine qu'au moment où il s'approcha du lieu où j'étais, j'entendis une voix s'écrier tout haut ; « Voilà Jackson ! Où donc est sa femme ? » Une autre voix très aiguë cria du milieu de la foule : « *Adams for ever* ». Ce furent les seuls sons qui interrompirent le profond silence qui régnait sur son passage.

« Mon mari et mes deux fils se joignirent au groupe de citoyens qui suivirent le président à l'hôtel, et ils lui furent présentés en forme, c'est-à-dire qu'ils furent admis à échanger avec lui une poignée de main. Ils s'embarquèrent sur le même bateau à vapeur qui le portait. J'appris par leurs lettres qu'ils avaient souvent causé avec lui durant le voyage, et qu'ils avaient été charmés de sa conversation et de ses manières ; mais en même temps ils avaient été profondément choqués de la brutale familiarité à laquelle ils l'avaient vu exposé dans tous les lieux où ils avaient mis pied à terre. Je ne résiste point à la tentation de citer un passage de cette correspondance ; il suffira pour faire connaître des habitudes si contraires à nos sentiments européens.

« Il n'y avait pas si lourd marinier de l'avant, qui ne fût introduit auprès du président quand il le voulait, à moins qu'il ne préférât s'introduire tout seul, ce qui arrivait à quelques-uns. J'étais un jour à côté de lui, lorsqu'un sale compagnon l'aborda par ces mots :

— C'est le général Jackson, je crois ?

Le général s'inclina en signe d'assentiment.

— Ils m'avaient dit que vous étiez mort !

— Non ! la Providence m'a jusqu'ici conservé la vie.

— Et votre femme vit-elle encore ?

« Le général parut frappé au cœur et fit un signe négatif. Sur quoi le courtisan conclut sa harangue, en disant : « Ah ! il me semblait bien que c'était l'un de vous deux qui était mort. »

Toute réflexion sur de pareils faits serait superflue. Ils parlent assez d'eux-mêmes. On entretient avec un soin jaloux le sentiment d'égalité en Amérique ; on l'inculque de bonne heure dans l'esprit des enfants : en voici la preuve.

Il y avait à Cincinnati, à l'époque où mistress Trollope y arriva, un maître de dessin allemand. Un peintre anglais, M. H..., qui avait suivi miss Wright en Amérique, lui ayant fait voir quelques-unes de ses esquisses, le bon Allemand en fut si enchanté, qu'il lui offrit généreusement de partager avec lui la direction et les bénéfices de son école.

« M. H... accepta la proposition, dit notre voyageuse ; mais l'association ne dura pas longtemps ; et la cause en est si américaine, qu'elle mérite d'être racontée. M. H... prépara ses modèles, et se rendit dans la classe qui était nombreuse et composée d'enfants des deux sexes ; mais il s'aperçut bientôt que le personnage, appelé *Discipline*, n'était pas au nombre des assistants. Les enfants ne cessaient de causer entre eux et de voyager d'une place à une autre. Il fit des remontrances aux élèves ; mais ce fut en vain : sentant toutefois l'impossibilité d'enseigner au milieu d'un pareil bruit et d'un tel désordre, il rédigea quelques réglements impératifs, avec l'intention de les afficher à la porte de l'école, et de renvoyer ceux qui se refuseraient à s'y soumettre ; mais, lorsqu'il communiqua son projet à son collègue, celui-ci secoua la tête. « Cela serait bon, très bon même en Europe, dit-il ; mais ici ni les garçons ni les filles ne supporteront pareille chose : ils ne font que ce qui leur plaît, et demain bien certainement l'école serait déserte. — Vous ne consentez donc pas, monsieur, à leur imposer des règles si indispensables. — Bonté du ciel ! je m'en garderai bien. » — Eh bien ! monsieur, je renonce à l'association et abandonne à votre direction ces jeunes républicains. »

En parlant de l'école que M. Ibberston est parvenu à fonder à Baltimore sur des bases un peu moins démocratiques, mistress Trollope revient sur cette observation.

Théodore Jouffroy

« M. Ibberston, dit-elle, sera le bienfaiteur de l'Union, s'il parvient à répandre l'admirable méthode par laquelle il a poli les manières, et éveillé l'intelligence de ces charmants petits républicains. J'ai causé avec beaucoup de mères américaines sur l'absence absolue de discipline et de soumission que j'observais en tous lieux parmi les enfants de tout âge, je n'en ai point trouvé qui ne reconnût et ne déplorât la vérité de cette remarque. Il y a une loi dans l'état d'Ohio (je ne sais cependant si elle existe encore) qui dit que si un père frappe son fils, il paiera pour chaque fois une amende de 10 dollars. Un gentilhomme de Cincinnati me raconta qu'il avait vu cette amende infligée à la requête d'un petit garçon de douze ans, qui fournit la preuve que son père l'avait frappé pour avoir menti. » Une telle loi engendre, dit-on, l'esprit de liberté. A la bonne heure, mais est-ce là tout ce qu'elle engendre ?»

On serait tenté de croire qu'une passion d'égalité si effrénée est incompatible avec l'aristocratie du sang. Il n'en est rien, cependant. Sur cette terre classique des droits de l'homme, ceux du nègre sont foulés aux pieds ; non-seulement il y est esclave, mais on l'y considère absolument comme une chose. Et le préjugé ne s'arrête point aux noirs de race pure, il poursuit impitoyablement dans les métis la dernière goutte de sang africain qui coule dans leurs veines.

Écoutons mistress Trollope sur ce sujet, et partageons son indignation ; mais appliquons ici la remarque que nous avons jetée en avant de ces extraits, et repoussons l'accusation d'inconséquence qu'elle en induit. Assurément il y a contradiction entre l'esclavage des noirs, et la passion d'égalité qui règne en Amérique. Mais ces deux effets ne découlent point de la même cause. — Tous les détails de mœurs que nous venons de citer sous des dérivations évidentes du principe politique qui régit les États-Unis. Il n'en est pas de même de l'esclavage des noirs. L'esclavage des noirs est un fait qui a précédé le principe démocratique sur le sol, et que celui-ci y a rencontré. Ce fait contemporain de la colonisation, c'est-à-dire de la nation, était dans les lois, dans les mœurs, dans les intérêts, dans tout, quand la démocratie et la liberté sont venues. Il n'est point né sous le régime du principe d'égalité, il lui a résisté, et il subsiste à côté. C'est ainsi que parmi nous les habitudes aristocratiques subsistent à côté d'idées qui ne le sont pas. Ce n'est point-là de l'inconséquence, mais de l'histoire. Il fallait faire cette remarque ; revenons maintenant aux observations de mistress Trollope.

« La sensation produite sur les Européens par le spectacle de l'esclavage est d'autant plus pénible en Amérique, qu'on y entend répéter plus souvent cette phrase philosophique, qui n'est qu'une amère dérision. « Tous les hommes naissent égaux et libres. » Ce n'est pas que la condition des esclaves domestiques soit généralement mauvaise ; mais enfin elle le serait, que ces malheureux devraient la subir et n'auraient aucun moyen d'y échapper. J'ai été témoin des soins qu'on prend de la santé des esclaves, mais je n'ai pu oublier que ces soins avaient pour résultat la conservation d'une propriété. Les esclaves le savent aussi, et il en résulte qu'ils éprouvent rarement une affection vraie pour leurs maîtres. On dit que les esclaves qui naissent dans le sein d'une famille, s'attachent aux enfants blancs avec lesquels ils sont élevés : cela peut arriver lorsque les actes de tyrannie des petits blancs ne sont point poussés assez loin pour détruire les effets naturels d'une éducation commune ; mais dans tous les cas cet attachement ne peut durer qu'à une condition, c'est que l'esclave soit maintenu dans cet état de profonde ignorance qui exclut la réflexion. La loi y a pourvu dans l'état de Virginie. Elle attache une peine à l'action d'apprendre à lire à un esclave, et une autre peine à la complicité d'un pareil acte. Cette loi en dit plus que des volumes. Généralement parlant, les esclaves domestiques sont passablement nourris et vêtus ; ils sont mal logés, mais ils n'y tiennent pas. Il est rare qu'on les fouette, et on les soigne bien quand ils sont malades. Voilà le bon côté de leur situation. — Le mauvais, c'est qu'on peut les expédier pour le sud, et les y vendre. C'est la crainte qui préoccupe tous les esclaves au nord de la Louisiane ; les plantations de sucre, et surtout les risières de la Géorgie et des Carolines, sont la terreur des nègres de l'Amérique, et à juste titre, car des milliers d'esclaves y trouvent la mort, et *pour éviter de perdre*, les maîtres se pressent, avant que la fièvre ne les tue, de tirer de leur travail le prix qu'ils ont coûté.

« Le système d'élever des nègres dans les états du nord, pour les vendre quand ils sont grands sur les marchés du sud, blesse douloureusement tous les sentiments de justice et d'humanité que Dieu a mis dans le cœur des hommes. J'eus, pendant mon séjour en Virginie, une preuve frappante de l'horreur que cette terrible destination inspire aux nègres. Le père d'un jeune esclave qui appartenait à la dame chez qui je logeais, fut condamné par son maître à ce funeste sort. Une heure après l'avoir appris, il aiguisa la hache avec laquelle il fendait du bois, et avec sa main droite il se coupa la gauche d'un seul coup.

« Les effets de l'esclavage sur les mœurs de la nation sont extrêmement fâcheux. Le même homme qui vient de braver son voisin plus riche et mieux élevé que lui, avec la phrase superbe : « Je vaux autant que vous, » se tourne vers son esclave, et l'étend d'un coup à ses pieds, si le sillon qu'il a creusé ou la buche qu'il a fendue ne plaît pas à ce champion de l'égalité. Il y a dans les principes d'un tel homme une fausseté sans pudeur qui révolte. Ce n'est point dans les plus hautes classes que l'esclavage produit les pires effets. Les hommes des classes inférieures, presque toujours aussi ignorants que leurs nègres, résistent infiniment moins à l'action démoralisante de ce pouvoir absolu qui leur est donné sur des esclaves mâles et femelles. L'autorité grossière, pour ne pas dire barbare qu'ils exercent, est le spectacle moral le plus dégoutant que j'aie vu. Je dois le dire cependant, aucun rang n'échappe à l'influence de ces relations du maître et de l'esclave. Partout elle paralyse les plus nobles et les meilleurs sentiments du cœur humain. Le caractère et l'âme des enfants en reçoivent une empreinte ineffaçable. Pendant mon séjour en Virginie, j'ai vécu quelques semaines dans le sein d'une famille composée d'une veuve et de ses quatre filles. Un jour une petite esclave de huit ans, ayant trouvé un biscuit bien beurré, ne put résister à la tentation, et elle en avait mangé la moitié avant qu'on ne s'en aperçût ; ce biscuit avait été imprudemment mis là pour les rats, et le beurre était saupoudré d'arsenic. La maîtresse de la maison accourut à moi pour savoir ce qu'il fallait faire ; je délayai, de suite, de la moutarde dans de l'eau, et je fis avaler à la petite esclave ce plus puissant des vomitifs ; il produisit immédiatement son effet, mais la violence du remède et la terreur excitée en elle par une douzaine de voix qui criaient qu'elle était perdue, causèrent un si grand tremblement à la pauvre créature, que je pensai qu'elle allait s'évanouir. Je m'assis donc au milieu de la cour et la pris sur mes genoux. — Je n'oublierai jamais les chuchotements et la profonde surprise que cette action si naturelle produisit parmi les membres blancs de la famille. La plus jeune des filles, à-peu-près de l'âge de la petite noire, après m'avoir considérée quelques instants avec un étonnement inexprimable, s'écria tout-à-coup : « Maman ! maman ! Mistress Trollope l'a prise sur ses genoux ! elle essuie sa vilaine bouche ! je ne voudrais pas pour deux cents dollars avoir touché sa bouche !

« La petite malade fut mise au lit et je regagnai ma chambre. J'envoyai demander de ses nouvelles quelques heures après et l'on me fit dire qu'elle souffrait beaucoup ; je sortais pour en apprendre davantage lorsque je rencontrai une autre fille de la maison, celle-là même dont l'imprudence avait causé l'accident. Après avoir répondu à mes questions empressées avec une gaîté qu'elle ne cherchait point à déguiser, elle me dit qu'on venait d'envoyer chercher le médecin, et finit par céder à un accès de fou rire qu'elle ne pouvait plus réprimer. L'idée de sympathiser réellement aux souffrances d'une esclave leur paraissait à toutes aussi absurde que nous le paraîtrait à nous celle de pleurer sur le malheur d'un veau mis à mort par le boucher. Les filles de mon hôtesse étaient de jolies et aimables personnes ; mais pour comprendre combien une pareille absence de sensibilité enlaidit la jeunesse et la beauté, il faut l'avoir vu de ses propres yeux.

« C'est une opinion générale en Amérique qu'on ne peut se fier à aucun individu de la race nègre, et comme en vertu de cette idée la crainte est le seul principe par lequel on agisse sur eux, il est tout simple que leur conduite justifie l'imputation….. J'ai remarqué que dans les états où il y a des esclaves, tout ce qui peut être pris ou mangé est constamment tenu sous clé. — Dans les nombreuses familles, où l'étendue de la maison multiplie les clés, elles sont déposées dans un panier ; une petite négresse porte ce panier à son bras et suit partout la maîtresse de la maison ; de cette façon non-seulement ces clés sont toujours à la disposition de cette dernière, mais elle ne les perd pas un moment de vue : un instant de distraction serait infailliblement mis à profit pour le vol. Il me semblait que dans ce cas, comme dans beaucoup d'autres, il devait être souverainement ennuyeux d'avoir toujours sur ses talons cette espèce d'ombre noire. Mais toutes les fois qu'il m'est arrivé de communiquer cette remarque, on m'a dit qu'elle n'était point fondée et que l'habitude d'être servi par des esclaves faisait qu'on ne s'apercevait pas même de leur présence.

« J'ai eu mille occasions d'observer cette habitude de ne faire aucune attention à la présence des esclaves. On parle d'eux, de leur condition, de leurs facultés, de leur conduite, exactement comme s'ils étaient incapables d'entendre. J'ai vu une jeune dame, qui poussait la pruderie à ce point, qu'assise à table entre un homme et une femme, elle envahissait la chaise de sa voisine pour éviter l'indécence de toucher le coude d'un *homme* ; j'ai vu, dis-je, cette jeune dame lacer son corset devant un domestique nègre avec la plus parfaite tranquillité. — Un gentilhomme de Virginie me racontait un jour que depuis son mariage il avait l'habitude de faire coucher dans sa chambre une jeune négresse. Je lui demandai, avec quelque surprise, à quoi pouvait lui servir durant la nuit la présence de cette esclave. « Bonté du ciel ! me dit-il, et si j'avais besoin d'un verre d'eau, qui me le donnerait ?»

« La société à la Nouvelle-Orléans, dit ailleurs notre voyageuse, est divisée en deux classes distinctes, la première est composée des familles créoles ou de sang pur, la seconde de celles des quarterons ou de sang mêlé. De tous les préjugés que j'ai rencontrés en Amérique, celui qui sépare ainsi ces deux classes m'a paru le plus violent et le plus invétéré. Les jeunes quarteronnes, filles reconnues de pères créoles, élevées avec toute la perfection que l'argent peut procurer à la Nouvelle-Orléans, et avec tous les soins prévoyants que l'amour paternel peut inspirer parfaitement belles, d'une grâce, d'une gentillesse et d'une amabilité exquises ; les jeunes quarteronnes ne sont ni admises, ni sous aucun prétexte admissibles dans la société des familles créoles de la Louisiane. Il y a plus, aucune cérémonie ne peut rendre une union avec elles légale ou obligatoire. Tel est, néanmoins, le puissant effet de la grâce, de la beauté, de la douceur particulière de manières qui les distinguent, qu'elles fixent perpétuellement et pour leur malheur la préférence et l'attention de ceux qui les méprisent. Si les dames créoles ont le triste privilège d'exercer à leur égard le pouvoir de répulsion, les ravissantes quarterones ont la douce, mais dangereuse compensation de posséder celui d'attraction. On dit que les unions formées avec les personnes de cette malheureuse race sont souvent durables et heureuses, autant, du moins, que peuvent l'être des unions que l'opinion flétrit à quelque degré. »

Voici un dernier trait qui prouve mieux que tout autre, jusqu'à quel point l'esclavage des noirs est passé en habitude dans les États-Unis d'Amérique. En voyant un esprit aussi éclairé que celui de Jefferson, n'avoir pas conscience de l'illégitimité d'un pareil usage, même alors que les sentiments les plus sacrés et les plus naturels auraient dû réveiller en lui cette conscience, on s'effraie de la puissance des préjugés, et on a pitié de la nature humaine.

« Peu de réputations sont placées plus haut dans l'estime des Américains que celle de Jefferson. Pour le parti démocratique, c'est le plus grand homme d'état qui ait dirigé les affaires de l'Union, et pour tous, c'est l'un des plus grands. — Et cependant j'ai entendu associer son nom à des actes qui feraient frémir des Européens. Ces actes ne sont point racontés à l'oreille par un petit nombre de personnes ; tout le monde les connaît, tout le monde en parle ouvertement ; et dans un pays où l'on cause religion autour de la table à thé, et où il est de bon goût d'en pratiquer strictement tous les devoirs, ces faits sont rappelés et écoutés, je ne dis pas sans horreur, mais sans la plus faible trace d'émotion.

« On dit donc que M. Jefferson avait des enfants de presque toutes les malheureuses négresses qui composaient le nombreux troupeau de ses esclaves femelles. Ces infortunés enfants étaient comme leurs mères, les esclaves légitimes de leur père, et travaillaient comme tels dans sa maison et dans ses plantations. C'était surtout son plaisir d'être servi à table par eux, et les orgies hospitalières qui ont rendu si célèbre sa maison de *Montecielo* étaient incomplètes, si le verre dans lequel il buvait, ne lui était présenté par la main tremblante de quelqu'une de ces déplorables créatures.

« J'ai entendu raconter à un démocratique adorateur de ce grand homme, que quand il arrivait que quelques-uns de ces enfants, nés d'esclaves quarterones et suffisamment blancs pour échapper au soupçon de leur origine, parvenaient à s'évader, il ne voulait pas qu'on les poursuivît, et disait en riant : « Que les drôles se sauvent s'ils peuvent ; je ne veux pas m'y opposer. » On citait ce trait en présence d'une société nombreuse, pour prouver la noblesse et la douceur d'âme de M. Jefferson, et il fut accueilli par un sourire universel d'approbation.

Ou la vertu et le vice ne sont que des mots, ou une telle conduite est d'un tyran sans principe et d'un libertin sans cœur. »

En voilà bien assez sur ce triste sujet. Le passage suivant, en prouvant que dans le pays de l'égalité, le cœur humain n'est pas plus à l'abri de la manie des distinctions aristocratiques que dans notre Europe encore à moitié féodale, réveille des idées qui n'ont rien de pénible. — Il s'agit d'un bal donné à Cincinnati, le 22 février, jour anniversaire de la naissance de Washington.

« Je fus réellement surprise du coup-d'œil que m'offrit la salle: elle était vaste et remplie d'une société fort bien mise, au milieu de laquelle on distinguait de très jolies personnes. La mise des hommes était extrêmement recherchée ; mais j'étais en Amérique depuis trop peu de temps, pour n'être point très surprise de reconnaître dans la plupart des petits-maîtres tirés à quatre épingles, qui passaient devant moi, les hommes que j'avais coutume de voir assis derrière les comptoirs, ou appuyés à la porte des boutiques de la ville. Toutefois les plus belles et les plus élégantes se mettaient pour eux en frais de coquetterie et de sourires, avec le même zèle et la même satisfaction que les belles de Londres pour l'héritier d'une pairie ; d'où je tirai l'infaillible conséquence qu'ils étaient considérés à Cincinnati comme appartenant à la plus haute classe de la société. — Il ne faudrait pas en conclure cependant qu'il n'y ait en Amérique aucune distinction de classes. Je me souviens qu'au même bal, je cherchai vainement des yeux, parmi le groupe brillant de filles charmantes qui l'embellissaient, une jeune personne plus charmante encore, et dont la rare beauté m'avait frappée quelques jours auparavant. Etonnée de ne l'y point trouver, je m'adressai à un gentilhomme : « Où est donc la belle miss C... ? » lui dis-je.

— Vous ne connaissez point encore les mystères de notre aristocratie, me répondit-il ; Miss C... appartient à une famille d'ouvriers.

— Mais, lui dis-je, cette jeune personne a été élevée dans la même pension que toutes celles que je vois ; son père a dans la ville une boutique tout aussi grande, et, si je ne me trompe, tout aussi bien achalandée que celles de ces messieurs qui nous entourent. — Où prenez-vous donc la différence !

— C'est un ouvrier : il met la main dans la fabrication des articles qu'il vend ; ces messieurs sont des marchands. »

## PARTIE II

Nous l'avons dit au début de ces extraits et nous le répétons, rien ne se développe avec plus de logique que les conséquences pratiques d'un principe. Mettez seulement une idée dans la tête d'un peuple et laissez-lui faire : sans que personne s'en mêle, sans que personne s'en doute, des milliers de syllogismes, dont personne n'aura conscience, vont extraire de cette idée des milliers de conséquences rigoureuses, dont le philosophe le plus subtil ne se serait point avisé ; ces conséquences, une fois mises au monde, vont à leur tour en engendrer des milliers d'autres, qui deviendront fécondes à leur tour ; et de proche en proche, sans autre auxiliaire que le temps, par un progrès tacite, mais aussi régulier qu'irrésistible, l'esprit contenu dans l'idée-mère va s'infiltrer dans toutes les parties du corps social, teindre de sa couleur les moindres détails de la vie publique et privée, modifier toutes les idées, altérer toutes les habitudes, transformer toutes les institutions ; personne ne l'a vu passer et il est partout ; personne ne l'a senti se répandre et il monde tout ; l'insecte le plus fécond est moins fécond, le poison le plus subtil est moins subtil ; bien aveugles sont les hommes qui se tourmentent pour un principe qui entre dans le monde, qui suent sang et eau de peur qu'il ne marche pas ou qu'en marchant il ne s'égare, qui se font tuer de crainte qu'il oublie de produire une de ses conséquences. Ils feraient aussi bien de s'armer en faveur de la gravitation, et de se battre pour assurer la libre arrivée des eaux de la Seine à l'Océan. Dieu n'a pas remis à l'étroite prévoyance, à la mobile volonté, à la débile puissance des hommes les destinées de l'humanité. Il a réglé la succession des idées qui doivent la gouverner, et il a donné aux idées une force propre, pour faire leur chemin et s'établir quand l'heure est venue. Les hommes ont la bonhomie de croire qu'ils

Théodore Jouffroy

font les idées, qu'ils les propagent, qu'ils les mettent au pouvoir et les destituent comme des fonctionnaires ou des députés. De là le mal que se donnent les partis et les journaux, de là les discours et les émeutes, de là les éternelles espérances de ce qui tombe et les éternelles inquiétudes de ce qui arrive. Cette niaise fatuité est à mourir de rire. Elle ferait de la politique la plus bouffonne des comédies, sans les conséquences tragiques qu'elle a, et son utilité dans l'accomplissement même des desseins delà Providence. Cet aveuglement dans l'humanité répond à la fatalité dans la nature ; il en tient lieu. C'est par lui que la liberté qui est dans chaque individu ne joue aucun rôle dans les masses, et que l'humanité qui est libre, marche selon des loix aussi fatales et aussi régulières que la nature qui ne l'est pas. Cette illusion éternelle est la condition du mouvement et des progrès de l'humanité, et le jour où l'humanité en sortirait, ce jour-là serait la fin du monde. Quiconque comprend l'histoire, est par cela même incapable d'y jouer un rôle : il faut être aveugle, pour devenir grand en politique. Heureusement, Dieu en nous façonnant, a pris ses mesures pour que cette erreur fût générale et pour que personne n'y échappât entièrement. Ceux mêmes qui comprennent ceci, ceux mêmes qui l'écrivent, quand ils se trouvent plongés dans le milieu politique, se laissent tomber par moment du point de vue absolu au point de vue relatif ; par moment ils se laissent aller aux préoccupations, aux soucis, aux passions aveugles des partis: de bonne foi ils prennent et jouent un rôle dans la comédie ; de bonne foi ils se mettent comme les autres dans la rivière jusqu'au cou, et comme les autres, de toute la force, de toute la force de leurs bras, et avec le même souci de ne pas réussir, ils poussent ses eaux vers l'Océan, sans s'apercevoir qu'elles y vont bien toutes seules, et que, de plus, elles les y portent, eux qui s'imaginent les y pousser.

Mais finissons-en avec cette digression inutile, et revenons à cette bonne mistress Trollope qui ne se doute pas de toutes ces belles idées, et à cette grande Amérique, qui, sans les apercevoir davantage, en prouve si bien la vérité.

Une des conséquences les plus inévitables de l'égalité, de cette égalité qui n'est pas seulement dans les livres de philosophie d'une nation, mais qui est dans ses lois et dans ses mœurs, c'est d'abaisser la civilisation des classes supérieures de la société, en élevant celle des classes inférieures ; et ici, par classes, je n'entends que ce qu'on peut entendre par ce mot dans un pays d'égalité, c'est-à-dire les catégories inévitables, formées par la différence des fortunes et par celles de l'éducation qui s'en suivent. Les riches et les pauvres, ceux qui travaillent de leurs mains et ceux qui ne travaillent que de leur tête, ceux qui savent le latin et ceux qui ne savent pas même leur langue, ayant les mêmes droits et les exerçant en commun, et cela en toute affaire et tous les jours de l'année, sont perpétuellement mêlés, vivent pour ainsi dire ensemble, et soumis à la nécessité d'échanger et de respecter leurs idées, de subir et de tolérer leurs passions respectives, s'amalgament intimement et complètement. Or, dans cette vie commune et intime, il est impossible que la classe supérieure ne contracte le pas quelque chose de la rudesse et de la grossièreté de la classe intérieure, et que celle-ci, à son tour, ne s'éclaire pas aux idées, ne radoucisse pas aux manières, ne s'humanise pas aux sentiments de la classe supérieure. L'instinct, autant que la nécessité de s'entendre, produit ce genre nivellement. Il n'est personne qui, si le hasard le mêle avec des hommes autrement faits que lui, ne se sente incliné par une sympathie instinctive à s'abaisser ou à s'élever à leurs idées et à leurs habitudes. L'orgueil aide à cette sympathie dans la classe inférieure ; le désir de ne pas choquer des égalités susceptibles et le besoin de se les concilier, la secondent, dans les classes supérieures, et de la sorte il se forme une espèce de civilisation moyenne, où les uns gagnent et les autres perdent : ainsi, quand le vin est mêlé à l'eau, si le vin devient pâle, l'eau devient rouge. Mais remarquons que c'est le plus petit nombre qui perd et que c'est le plus grand qui gagne, en sorte que le résultat est bon. Et c'est ce qui est constamment arrivé, toutes les fois que la civilisation a fait un pas. La civilisation a pour effet invariable d'abaisser la partie au profit du tout. Quand les barbares envahirent l'empire romain, la civilisation romaine perdit ; mais les barbares sortirent de la barbarie. Mais pour être bon ce résultat n'en blesse pas moins les personnes qui, comme mistress Trollope, sont accoutumées à la vie des classes aristocratiques de l'Europe. Elle a été choquée, et nous le serions comme elle, de la grossièreté des Américains, de l'absence d'élégance et de politesse qui se remarque dans leurs manières et dans leur façon de vivre, de leur peu de goût pour les arts et pour les femmes, de la pauvreté de leur littérature, des bévues de leurs jugements en toutes les matières qui pour être bien senties, exigent un esprit raffiné dans les longs loisirs d'une vie oisive, et dans l'isolement absolu de tout ce qu'il y a de vulgaire et de trivial dans l'humanité. Le voyage de mistress Trollope est plein de faits qui mettent en lumière toutes ces choses. Nous devons dire toutefois que cette grossièreté de mœurs ne vient pas exclusivement aux États-Unis du principe démocratique. Une part doit en être attribuée à la jeunesse de l'Amérique. encore en lutte avec une nature primitive, et qui n'est qu'à moitié vaincue. Quand on vit au milieu des bois, quand on entend de son salon hurler la panthère et siffler la flèche du sauvage, il est difficile d'être aussi raffiné qu'une belle dame d'Almack ou qu'un fashionable de la rue de Paix.

L'égalité de droit n'empêche pas l'inégalité de fait. La richesse, l'instruction, la capacité, restent des supériorités dans toutes les démocraties du monde ; et ces avantages sont tacitement sentis et vivement désirés par ceux qui ne les ont pas. C'est une raison pour ces derniers d'être susceptibles et fiers en présence de ceux qui en jouissent, et de ne rien négliger pour les acquérir. Dans toute démocratie, ce sont les classes inférieures qui sont orgueilleuses et susceptibles, et les classes supérieures qui sont humbles et patientes. Il y a de plus dans toute démocratie une ambition de parvenir et une avidité d'acquérir extrêmes et générales. Les pauvres veulent combler l'intervalle qui les sépare des riches, et ceux-ci le maintenir. Le pouvoir étant au concours, accessible à tous, et cependant ne pouvant être saisi qu'à certaines conditions de lumières et de fortune, tous les citoyens sont poussés en avant par une émulation dévorante et sans relâche, et se coudoient sur la route avec une jalousie passionnée. L'intrigue et tous les moyens semblent bons pour réussir. La machine électorale, toujours en mouvement, engendre les brigues, l'artifice, la calomnie contre les personnes, anime les haines, et contribue à développer toutes les tristes passions qui accompagnent l'émulation portée à l'excès, l'ambition qu'aucune barrière légale ne contient. On trouve amplement tout cela en Amérique, et tout cela y a prodigieusement choqué mistress Trollope. L'orgueil des basses classes et l'humilité hypocrite des hautes lui ont paru insupportables. L'avidité insatiable, l'ambition effrénée, le dé fa vit général de délicatesse et de probité des Américains l'ont révoltée. Elle juge, et nous croyons qu'elle a raison, la moyenne de la moralité américaine fort inférieure à la moyenne de la moralité anglaise. Enfin, ce mouvement sans fin et sans repos de ce peuple, chez qui tout marche, et où jamais rien ne s'arrête, ne se pose, ne s'établit, a paru horriblement fatigant à ses habitudes. Tout cela devait être ; un tel milieu nous serait insupportable comme à elle. La faible partie de toute cela que nos institutions nous ont donnée, nous est déjà fort désagréable. Quiconque a assisté à une élection en sait des nouvelles ; quiconque lit tous les matins cinq à six journaux peut en donner.

Le mépris des citoyens pour les magistrats et pour les lois, et le respect des magistrats et des lois pour les citoyens, et de là une extrême mobilité en tout, sont une autre conséquence de la vraie démocratie. Comment la nation souveraine pourrait-elle respecter le magistrat qu'elle vient de faire et qu'il ne tiendra qu'à elle de révoquer demain, la loi qui émane d'elle et qui demain cessera d'être loi, si elle le veut ? Et ce magistrat, comment ne tremblerait-il pas devant son maître ? Et cette loi que le peuple a faite, comment contiendrait-elle des dispositions sévères contre lui ? Et comment se gênerait-il beaucoup pour l'observer, lui qui l'a voulue pour son bien, si son bien lui paraît vouloir qu'il ne l'observe pas ? Et comme tout magistrat a ses défauts, et toute loi ses inconvénients, est-il possible que l'un ou l'autre résiste longtemps à la critique d'hommes qui sont parfaitement libres de les changer ? Sans compter que cette foule souveraine, étant peu éclairée, est capricieuse, que mille personnes sont toujours intéressées à ce qu'elle change d'opinion ; sans compter enfin qu'elle se plaît à exercer son pouvoir, et que, si elle ne changeait pas d'opinion, elle se ravirait à elle-même les occasions de le faire. De là l'extrême jalousie et l'extrême mobilité des démocraties. En Amérique comme à Athènes, j'allais dire comme à Paris, tout homme qui est en place est un pauvre homme, et toute loi qui règne est une loi détestable. On se hâte de changer, et l'homme ou la chose substitués, subissant à leur tour la même loi, sont changés à leur tour, et ainsi de suite indéfiniment. Aussi rien ne s'assied et ne dure sur le sol américain. L'état change ses lois, chaque province ses institutions, chaque particulier sa profession et ses habitudes, avec une incroyable facilité. C'est précisément le contraire de ce qui arrive dans les aristocraties, et il est impossible que des habitudes formées sous ce dernier régime se trouvent heureuses au sein de cet orage éternel.

Une seule chose est sacrée dans les démocraties : l'individu ; car le souverain en est composé, et il y a égalité entre les éléments. On n'ose pas mettre à mort le criminel en Amérique, et quand vient l'heure du supplice, ce n'est pas le criminel qui est embarrassé, c'est le bourreau qui est honteux, qui hésite, qui n'ose pas, qui supplie le coupable de vouloir bien user d'un des moyens que la loi lui a ménagés pour éviter d'être pendu. Ce respect de la loi pour l'individu, l'individu l'a pour lui-même. Rien n'est bon, rien n'est vrai, que ce qui. lui paraît bon et vrai. Il est d'un orgueil, d'une susceptibilité d'indépendance extrêmes. Ne prétendez pas lui enseigner quelque chose, le réformer en quelque chose ; ne vous avisez pas d'oser lui faire du bien, lui éviter du mal: ce serait un attentat à son indépendance ; ce qui lui arrive, ce qu'il pense, le mal comme le bien, l'erreur comme la vérité, tout cela ne regarde que lui, et vous n'avez pas à vous en mêler. De là la jalousie d'indépendance des états particuliers à l'égard du gouvernement fédéral et la faiblesse croissante de celui-ci ; de là celle de chaque canton à l'égard de l'état, et de chaque village à l'égard du canton ; de là enfin celle de l'individu, superbe et majestueuse, et qui domine toutes les autres, parce qu'elle les engendre. De là, aussi, ces religions qui règnent sur une demi-douzaine de fidèles, quelquefois moins, chacun se faisant la sienne, trouvant tout simple d'être à-la-fois le fondateur, le prêtre et le troupeau, et tout naturel cependant, tant il a de respect pour ses idées, de baptiser cette religion personnelle, de la proclamer, et de lui procurer une place dans la liste de celles qui gouvernent la terre, à côté, du catholicisme ou de telle autre qui règne sur des millions d'hommes. De là, en un mot, tout ce génie de décomposition, qui en tout pousse à la poussière, et ne s'arrête qu'à l'atome, génie qui est éminemment celui de la démocratie.

Comment des hommes qui pensent ainsi, pourraient-ils faire le moindre cas de ceux qui pensent autrement ? Quelle figure espérez-vous faire à leurs yeux, vous qui reconnaissez des nobles et des rois, vous qui admettez qu'il y ait des hommes plus sages que d'autres, et devant l'opinion desquels il est bien de courber la sienne ; vous, qui en un mot, reconnaissez une autorité supérieure à celle de l'individu ? L'Américain a pitié de vous ; il vous considère comme des aveugles ou des sots, portant le joug des vieux préjugés de l'Europe, infiniment en arrière de la jeune Amérique dans la carrière de la civilisation. Vous lui êtes inférieurs en politique, donc vous lui êtes inférieurs en tout. Vous êtes arriérés en littérature, en peinture, en musique, en philosophie. Il y a lieu de penser qu'un jour vous arriverez en tout cela au point élevé où elle en est: mais il vous faudra bien du temps, et d'ici là, vous en êtes réduits au rôle de l'admiration pour elle, comme elle en est réduite à celui de la compassion pour vous. Tels sont les sentiments des masses américaines pour les Européens ; et à cet égard, ils ne souffrent pas la discussion. On peut juger si cet absurde dédain a beaucoup amusé mistress Trollope. Rien ne l'a plus mortellement blessée en Amérique, d'autant mieux que la vieille Angleterre a plus que sa part dans ce mépris démocratique, et que la pauvre dame ne trouvait aucun allié au milieu de ce monde d'ennemis. Aussi se prit-elle un jour d'une belle passion pour une jeune Allemande qu'elle rencontra dans les rues de Philadelphie, par un beau clair du lune, et qui lui dit naïvement : « Oh ! madame, ils n'aiment pas la musique, ils ne sentent pas la musique, ils ne comprennent pas la musique ; comment pourrait-on vivre dans un tel pays ? j'y mourrai d'ennui ! » Et elle se mit à pleurer, et mistress Trollope fut bien heureuse.

Le mépris pour les femmes est un autre caractère de la véritable démocratie. Comme, en dépit de l'égalité, elles ne font point partie du souverain, elles demeurent étrangères à la vie politique de leurs maris ; et comme cette même vie politique occupe sans cesse ces derniers et les absorbe, il s'ensuit que les hommes et les femmes forment deux races isolées, et qui ne se rapprochent guère que pour les choses indispensables. Ajoutez aux soins de la vie politique, l'activité dévorante qu'elle imprime à toutes les poursuites de l'ambition et de la cupidité, la grossièreté d'habitudes qu'elle engendre, l'éloignement qu'elle inspire pour tous les goûts élégants et pour tous les arts qui rapprochent les deux sexes, en rendant le plus faible aimable au plus fort, et vous comprendrez jusqu'où va cet isolement. Les pauvres femmes sont donc très abandonnées en Amérique ; et ne trouvant aucun avantage à plaire, elles en négligent les moyens, et sont pour la plupart, très insignifiantes et assez sottes. D'ailleurs, quoiqu'on soigne beaucoup leur éducation, qu'on affecte de leur apprendre le latin et le grec, et que le programme de leurs études pût faire honte à l'enseignement d'un de nos meilleurs collèges, l'obligation où elles se trouvent, comme femmes d'autant de Caton et de Cincinnatus et comme égales de leurs servantes, de veiller et de mettre la main à toutes les choses du ménage, contribue à les retenir ou à les rappeler sans cesse dans un cercle d'habitudes tout-à-fait communes et sans élégance. Il faut voir la pitié qu'elles inspirent à notre voyageuse et tout ce qu'elle en dit. Elle se trouve là dans son élément, et n'épargne pas les observations. Femme distinguée du pays du monde où les femmes sont le mieux élevées, elle ne tarit pas de considérations justes, fines, souvent profondes sur la condition des Américaines. Et au fait, elle n'a point tort de s'appesantir sur un tel sujet ; car la condition des femmes est le fait le plus significatif de la civilisation d'un pays : celui-là bien connu, on peut toujours en induire la plupart des autres.

Nous ne connaissons pas mieux la véritable démocratie religieuse que la véritable démocratie politique. Il en est de notre protestantisme comme du gouvernement représentatif : il n'est guère qu'un accommodement entre nos idées et nos habitudes. Il accorde trop ou trop peu, trop pour l'autorité, trop peu pour la liberté, et depuis longtemps son principe l'aurait entraîné, si nos habitudes n'avaient fait résistance. Il faut aller en Amérique pour connaître les véritables conséquences religieuses du principe démocratique. Du même droit que l'individu est roi en politique, il est prêtre en religion ; là, il fait la loi, ici le dogme, et par la même raison ; c'est qu'il n'a que des égaux et point de maître, et que personne n'a plus le droit de décider ce qu'il doit croire, que ce qu'il doit faire. Cela posé, le reste s'ensuit. On élit une religion comme on choisit un métier ; et si on n'en trouve pas à sa guise, on s'en passe, ou on en fait une. Les autres n'ayant rien à voir dans ce choix, l'état reste indifférent : il n'est pas athée, l'expression est mauvaise, car il ne nie pas plus qu'il n'affirme ; il ne pense pas. Mais aussi il ne paie pas : chacun paie son prêtre comme son médecin, et les pauvres s'en passent : ils font comme s'ils étaient sceptiques. Ce système est plus cher peut-être, mais il est plus libre. Loin de tuer l'esprit religieux, ce régime de pleine liberté le mettrait dans la nature humaine s'il n'y était pas. En Europe, un cordonnier reste un cordonnier ; en Amérique, il peut devenir chef de secte, et cela, sans renoncer à son état. Il y a des extravagances pour tout le monde, et du monde pour toutes les extravagances ; qu'il en rêve une, qu'il la prêche, il aura bien du malheur s'il ne convertit pas quelqu'un, ne fût-ce que ses voisines. Le voilà donc à la tête d'une congrégation qui se fanatise à sa voix, qui souscrit, qui remue, qui cabale pour s'accroître aux dépens des autres, et gagner des âmes. Laissez rouler cette boule de neige, qui sait ? elle deviendra peut-être une avalanche, et le cordonnier qui l'a pétrie, un grand homme. En attendant, et n'eût-il que douze partisans, il est un saint, une lumière, un apôtre, et comme tel, on le caresse, on l'admire, on le choie. Qu'on juge si une pareille carrière, si ouverte et si séduisante, est suivie. Aussi le nombre des prêtres est immense en Amérique, et celui des sectes inconnu : le savant abbé Grégoire est mort à la piste. Chaque année en voit naître de nouvelles, et le fanatisme de chacune est en raison inverse de sa masse et en raison directe de son absurdité. Il manquait cette expérience pour apprécier la fécondité de l'esprit humain dans l'extravagant et le bizarre ; la voilà faite, on peut voir. Du reste, ces sectes ne se haïssent pas trop l'une l'autre ; le droit de penser ce qu'on veut est trop reconnu, et d'ailleurs il y aurait trop à faire : l'étendue de la concurrence détruit la rivalité. La religion en Amérique ne consiste pas à appartenir à telle croyance, mais à en avoir une : l'indifférence seule n'est pas soufferte ; à tout prix, il faut penser quelque chose, et quelque chose qui ait un nom. Vous pouvez être athée si vous voulez ; l'athéisme est une opinion ; elle a sa bannière ; mais vous êtes impie si vous n'êtes pas enrôlé. Aussi tout le monde l'est, et chacun à sa guise. La même famille réunit souvent cinq à six religions, et ces cinq ou six religions vivent très familièrement ensemble ; elles badinent, elles joutent autour de la table à thé ; on parle là de la rédemption ou de la grâce, comme on parle ici du mérite d'un roman ou de la danse d'une actrice : une aimable dunkériste dit son mot ; une charmante athée relève la balle et la renvoie à un swedenborgien fashionable, qui la passe avec grâce à une vieille socinienne en lunettes. Ce serait un horrible scandale pour nous que cette légèreté sur des sujets si graves ; c'est une chose toute simple en Amérique, où cette légèreté n'est que du bon ton, et n'exclut ni la foi, ni le zèle. Ainsi la liberté a produit du même coup en Amérique le fanatisme et la tolérance. La dispute dédommage de la persécution ; polie dans les

Théodore Jouffroy

salons, elle est ardente et sombre dans les chaires, les meetings et les livres. Elle parcourt incessamment le territoire de la république et le ravage comme une fièvre. Des milliers de prêtres ambulants la portent partout, dans les villes, dans les villages, et jusque dans les bois ; le jour, la nuit, à toute heure, en tout lieu, elle retentit à côté de la dispute politique ; il n'y a pas plus d'asile contre l'une que contre l'autre ; et qui veut vivre en paix doit se boucher les oreilles ou fuir l'Amérique. C'est la seule liberté dont on n'y puisse jouir ; toutes les autres conspirent à vous l'ôter.

On se tromperait, toutefois, si l'on s'imaginait que ces deux fièvres de la politique et de la religion travaillent simultanément et avec la même violence toutes les parties de la population américaine : ce serait trop de moitié pour la constitution la plus robuste. La politique et la religion suffisent chacune et au-delà, pour absorber notre débile intelligence ; et quand l'une l'envahit, l'autre ne saurait y conserver une grande place. Dans les monarchies et les aristocraties, le peuple a le loisir d'être religieux et il l'est ; l'irréligion ou l'indifférence sont le privilège des nobles qui gouvernent. Dans les démocraties, le peuple gouvernant lui-même, la politique l'absorbe, et la religion n'a plus sur lui qu'une faible prise. Mais cela n'est vrai que des hommes qui seuls gouvernent, et ne saurait l'être des femmes, enveloppées par la démocratie dans le même délaissement que la religion, et toujours d'autant plus amoureuses de Dieu qu'elles sont plus négligées des hommes. De là aux Etats-Unis ce singulier phénomène exprimé et résumé par mistress Trollope dans cette phrase concise : « Je ne sache pas un pays où la religion ait tant d'empire sur les femmes et si peu sur les hommes. » La partie mâle de la population, ayant des lois à faire et à défaire, des magistrats à nommer et à révoquer d'un bout à l'autre de l'année, continuellement préoccupée de candidatures, de réformes et de dollars, n'a point le temps de songer beaucoup à Dieu, et ne saurait offrir aux passions religieuses et aux prêtres la matière première qui leur convient. Mais précisément à cause de cela, les femmes sont admirablement disposées à recevoir leur empire et à le subir complètement. Délaissées de leurs maris, exclues des affaires, que voulez-vous que les Américaines fassent de leur cœur et de leur temps ; elles les donnent à Dieu, et elles font bien. D'ailleurs les plaisirs sont chose rare dans les démocraties ; ils suivent et supposent les arts, qui suivent et supposent le loisir et la stabilité. Les Américains sont tristes et ne s'amusent jamais: ils dédaignent le théâtre, ils méprisent le bal et les soirées. De toutes les distractions connues, ils n'aiment que le jeu, qui est encore un calcul. Quand ils ont célébré officiellement l'anniversaire de leur indépendance, l'anniversaire de la naissance de Washington, et deux ou trois autres anniversaires tout aussi respectables, les voilà bien ; ils ont de la joie pour un an. Aussi toutes les réunions de plaisir que nous avons en Europe manquent ou sont peu goûtées en Amérique. Et cependant, comme le dit mistress Trollope, il faut bien aux femmes quelques distractions, et qu'elles aient un lieu où se montrer, elles et leurs rubans. Le temple est ce lieu-là ; le temple c'est l'Opéra, c'est la salle de bal, c'est le salon d'exposition, c'est le jardin des Tuileries des Américaines ; le temple est le débouché de toutes leurs vanités. Ajoutons qu'entre Dieu et elles se placent les prêtres, que ces prêtres sont des hommes, que parmi ces hommes il en est de jeunes et de beaux ; que ne régnant que par les femmes, ils leur accordent cette considération, ces attentions, cette importance dont elles sont si avides et que les habitudes démocratiques leur refusent ; ajoutons enfin que la division infinie des sectes, leurs rivalités, leurs jalousies, leur ambition de dominer, et jusqu'à la subtilité des dogmes qui les divisent, ouvrent un vaste champ à l'activité de détail, à l'esprit d'intrigue et de coterie, à la finesse et au savoir faire, à tous les défauts en un mot et à toutes les qualités du génie féminin ; et l'on concevra aisément quel empire la religion exerce sur les femmes aux États-Unis, avec quelle ardeur elles s'en occupent, et jusqu'à quel degré de fanatisme cette passion exclusive peut être poussée.

Comment chez un peuple aussi actif, aussi ambitieux, aussi remuant, des ministres ambitieux et ardents manqueraient-ils à cet empire de la religion, pour ainsi dire, tout fait, et tout à-la-fois si facile à saisir et si séduisant à exercer ? Qui donc pourrait s'étonner si cet empire est ardemment recherché et disputé, si quelquefois même ceux qui l'exercent en abusent, et si entre les prêtres et les femmes, il s'établit une sympathie intime et comme une alliance secrète à laquelle l'autre moitié, la moitié politique de la société, demeure plus ou moins étrangère ? Cela doit être et cela est. Il y a, pour ainsi dire, deux républiques en Amérique, vivant et se développant côte à côte, l'une exclusivement formée par les hommes, la république politique ; l'autre presque exclusivement par les femmes et les prêtres, la république religieuse. Ces deux républiques se pénètrent sans se confondre et ont chacune leur sphère et leur vie. Aux femmes et aux prêtres la religion, aux hommes la politique ; à ceux-là le temple, où les hommes ne vont guère ; aux hommes le club, où les femmes ne vont pas. Du reste la même activité américaine, le même esprit ardent, factieux, délibérant. Et sous ce rapport, sans parler des prêtres, les femmes ne sont pas en reste. Comme leur nature sympathique les condamne toujours à l'imitation, et qu'elles n'ont malheureusement qu'un modèle, les hommes, toutes les pratiques que suivent leurs maris en politique, elles les répètent en religion: elles s'associent, elles délibèrent, elles souscrivent, elles élisent ; elles font et défont le culte et le dogme ; elles se divisent en factions, en partis, en coteries ; elles intriguent, elles cabalent, elles remuent, elles égalent leurs maris, elles les surpasseraient, s'il était possible, en mobilité démocratique. Car, qu'on ne s'y trompe pas, les deux républiques ont l'air d'offrir des différences dans leur constitution: il y a une aristocratie dans la dernière, celle des prêtre ? ; c'est même la seule qui existe en Amérique ; mais, au fond, le même principe les anime et les tourmente, le principe démocratique. Ce principe est si fort sur ce sol, qu'il y neutralise cette autorité même du sacerdoce, la plus naturelle et en apparence la plus inévitable de toutes. Il la divise, il la limite, il finira par l'anéantir. Au fond, dans l'ordre religieux comme dans l'ordre politique, ce sont toujours les mêmes principes et les mêmes conséquences: la souveraineté du peuple ou du troupeau, l'égalité des citoyens ou des fidèles, la décomposition à l'infini de l'état ou de l'église, et au bout, de la poussière religieuse ou politique, mais de la poussière libre et vivante.

Telles sont quelques-unes des conséquences développées dans les mœurs des Américains par le principe politique qui les gouverne. Il en est d'autres que nous omettons, parce qu'il est impossible de tout dire.

Si l'on veut y regarder de près, on trouvera qu'il n'est pas une de ces conséquences qui ne découle naturellement du principe, pas une par conséquent dont on doive s'étonner, ou qu'on ait le droit de reprocher au peuple que ce principe gouverne. Toute nation soumise à l'idée démocratique doit arriver là ; aucune puissance humaine ne saurait borner ou détourner le cours fatal de cette logique qui fait l'histoire. Et qu'on ne conclue pas de ces conséquences que le principe démocratique est mauvais : nous avons signalé ses inconvénients, nous n'avons pas parlé de ses avantages. Il faudrait de plus , pour le juger, mettre en regard les conséquences bonnes et mauvaises du principe opposé ; et Dieu sait alors qui oserait choisir. D'ailleurs ni le choix, ni même le jugement, ne dépendent de nous. Chacun de ces principes à son heure marquée ; quand cette heure est venue, une nation ne choisit pas ; elle tombe comme une proie sous son empire ; et quand elle y est, elle ne peut plus être impartiale, et se trouve aussi incapable déjuger qu'elle l'a été de choisir. Et comme une nation n'échappe à l'ascendant d'un principe, que pour tomber sous l'ascendant d'un autre, il s'ensuit que cette liberté de jugement n'existe jamais pour elle.

Je demande pardon de m'être laissé aller à indiquer ces conséquences, au lieu «le céder la parole à mistress Trollope, ce qui aurait été, je n'en doute pas, beaucoup plus agréable pour le lecteur. Il n'est pas un de ces résultats à l'appui duquel son livre ne contienne les faits les plus curieux et les plus piquants. Mais, connue il faut choisir, et que nous ne saurions transporter tout son voyage dans cette *Revue*, nous nous bornerons à quelques-uns de ceux qu'elle a recueillis sur la religion. Les conséquences religieuses de la démocratie sont, de toutes, celles que nous devinons le moins ; elles sont donc, de toutes, les plus instructives pour nous. Si, ce dont nous doutons beaucoup, nos lecteurs trouvaient assez d'intérêt dans ces articles pour n'en pas redouter un troisième, nous pourrions une autre fois satisfaire leur curiosité sur les autres points que nous avons indiqués.

Nous mettrons d'abord sous leurs yeux quelques-unes des scènes religieuses dont mistress Trollope a eu le spectacle en Amérique. Nos idées réclament vivement toute cette liberté dont on jouit sur la terre classique de la démocratie ; il faut voir si nos mœurs s'accommoderaient de ses effets.

« Il n'y avait que peu de mois que nous étions à Cincinnati, quand

Théodore Jouffroy

notre curiosité fut excitée par l'annonce d'un *Revival*. On ne parlait plus d'autre chose dans la ville : « Le *Revival* sera très nombreux ; nous serons constamment engagés pendant le *Revival* », étaient des phrases que nous ne cessions d'entendre, et que nous entendîmes longtemps sans les comprendre. — J'appris à la fin de quoi il s'agissait. — Les sectes américaines n'ayant point, comme la plupart de nos religions d'Europe, l'avantage d'être nationales, ont besoin, pour se soutenir, de ranimer de temps en temps le zèle et l'exaltation de leurs partisans. Tous les ans à des époques fixes, les membres les plus ardents du clergé se mettent en route à cet effet, et parcourent le pays. On voit ces missionnaires arriver dans les bourgs et dans les villes par douzaines ou par centaines selon l'importance du lieu, et y planter leur tentes, tantôt pour huit jours, tantôt pour quinze, et quelquefois même, si la population est considérable, pour un mois. Durant cet intervalle, les journées tout entières, et souvent la plus grande partie des nuits sont consacrées à des prédications et à des prières dans les différentes églises et chapelles du lieu. — C'est là ce qu'on appelle un *Revival*.

« Je n'ai rien épargné pour me procurer sur ce sujet des renseignements exacts ; mais je crains bien d'être accusée d'exagération, en rapportant ce que j'en ai appris. Tout ce que je puis faire, c'est de ne point mériter ce reproche. La matière est d'un haut intérêt, et je ne me pardonnerais pas de la traiter avec légèreté.

« Ces prêtres ambulants appartiennent à toutes les croyances, excepté à celles des unitairiens, des catholiques, des épiscopaux et des quakers. Presbytériens de toutes les espèces, baptistes de toutes les variétés, méthodistes de toutes les dénominations, participent à cet usage. Il n'y a pas de mémoire assez bonne pour retenir les simples noms de toutes ces sectes, et l'on n'en finirait pas si l'on voulait expliquer toutes les nuances de ce christianisme à mille faces. Quoi qu'il en soit, ces missionnaires visitent successivement toutes les cités, tous les bourgs, tous les villages de l'Union. Je n'ai pu savoir d'une manière certaine l'intervalle qui sépare leurs visites. Ils logent en général dans les maisons de leurs coreligionnaires, et tant que dure leur station dans un lieu, toutes les soirées qui ne sont point employées à des prédications dans les églises et maisons publiques d'assemblées, ils les consacrent à ce que d'autres appelleraient des parties de plaisir, mais à ce qu'ils appellent, eux, des réunions pour la prière (*prayer-meetings*). Ils y passent leur temps à manger, à boire, à prier, à chanter, à entendre des confessions et à convertir. Je n'ai jamais pu réussir à me faire inviter à ces réunions particulières. Mais les mystères m'en ont été révélés par un témoin oculaire, parfaitement digne de foi ; et quand la moitié seulement de ce qu'il m'en a raconté serait vrai, ces réunions ne seraient pas la partie la moins curieuse ni la moins importante du *Revival*.

« Quand on rapproche les sentiments qui remplissent l'âme et la tête d'une dame méthodiste, qui a eu le bonheur de s'assurer pour son meeting d'un prédicateur célèbre, de ceux qui animent une bleue de Londres, qui a obtenu la promesse d'un poète à la mode pour sa soirée, il est impossible de ne pas sourire à la ressemblance. Le cœur humain est partout le même, et nous sommes toutes, pieuses ou mondaines, de la même famille.

« Les plus beaux appartements, les plus belles toilettes, les rafraîchissements les plus délicats, rien n'est épargné pour rendre le meeting aussi brillant que possible. Pendant que les personnes invitées arrivent, des conversations à demi-voix abrègent l'ennui de l'attente. Les personnes qui entrent sont saluées des noms de frères et de sœurs, et les démonstrations de bienvenue sont très tendres. Quand la chambre est pleine, la compagnie, qui est toujours composée en très grande majorité de femmes, prend place et s'assied. Alors commencent, de la part des ministres, les invitations tour-à-tour les plus véhémentes et les plus douces, les plus sévères et les plus caressantes aux frères et aux sœurs, de confesser devant leurs sœurs et leurs frères toutes leurs pensées, toutes leurs fautes, toutes leurs folies.

« Ces confessions sont d'étranges scènes. Comme les fautes avouées en font l'intérêt, plus on en avoue, plus on est encouragé et caressé. Lorsqu'elles sont terminées, tout le monde s'agenouille, et le prêtre improvise une prière ; après quoi on mange et on boit. Les chants, les hymnes, les prières recommencent de nouveau ; puis viennent les exhortations, puis encore la prière et le chant, jusqu'à ce que l'exaltation des assistants atteigne enfin le plus haut degré d'énergie. Telles sont les scènes qui se passent chaque soir tantôt dans une maison, tantôt dans une autre, aussi longtemps que dure le *Revival* ; souvent même elles ont lieu simultanément dans plusieurs, car les églises ne peuvent donner de l'occupation à la moitié des missionnaires, bien qu'elles demeurent ouvertes toute la journée et une partie de la nuit, et que les ministres s'y succèdent l'un à l'autre sans interruption.

« Ce fut dans la principale des églises presbytériennes de Cincinnati, que je fus deux fois témoin des hideuses scènes que je vais décrire. Chaque jour les ramène avec une parfaite uniformité. Qui connaît l'une de ces représentations les connaît toutes.

« Nous étions au milieu de l'été ; mais le service auquel on nous avait priés d'assister ne devait pas commencer avant la nuit. Le temple était bien éclairé, et il y avait un concours de monde à n'y pas tenir. Nous aperçûmes, en entrant, trois prêtres debout et rangés côte-à-côte dans une espèce de tribune, élevée à l'endroit où se trouve ordinairement l'autel ; cette tribune, qui ressemblait aux chaires de nos temples, était ornée de tapis cramoisis ; nous prîmes place sur un banc qui se trouvait tout auprès de la balustrade qui l'entourait.

Le prêtre qui était au milieu priait ; la prière était d'une extravagante véhémence et d'une familiarité d'expression choquante. Après la prière il chanta un hymne, et ensuite un autre prêtre se mit au milieu et commença à prêcher. Il déploya dans son sermon une éloquence rare ; mais le sujet qu'il avait choisi était affreux. Il décrivit avec une excessive minutie les derniers et tristes moments de la vie humaine ; ensuite il peignit les changements affreux que le corps subit graduellement après la mort, et il arriva au tableau de la décomposition. Tout-à-coup le ton de son discours, qui jusque-là avait été celui d'une description exacte et simple, changea ; il fit entendre une voix aigre et perçante, et penchant la tête en avant, comme pour fixer ses regards sur un objet qui se trouvait au-dessous de la tribune, il donna à entendre à l'auditoire qu'il voyait la terre ouverte devant lui : c'était, comme on voit, une heureuse invention pour frapper les imaginations faibles par la description de l'enfer. De toutes les images que peuvent fournir le feu, la flamme, le soufre, le plomb fondu, les fourches rougies faisant palpiter des nerfs, des membres, d-s chairs, aucune ne fut oubliée par le prédicateur. Il suait à grosses gouttes ; ses yeux roulaient avec horreur ; ses lèvres étaient couvertes d'écume, et chacun de ses traits respirait la profonde terreur qu'il aurait ressentie, s'il eût réellement été témoin de la scène qu'il décrivait. Le jeu de l'acteur fut parfait. Enfin il jeta sur ses deux assistants à droite et à gauche un regard languissant où se peignait sa faiblesse : il s'assit et essuya la sueur qui inondait son visage.

« En ce moment les deux autres prêtres se levèrent et entonnèrent un hymne. Tous les assistants, le visage couvert de la pâleur de la mort, étaient frappés de stupeur, et ce ne fut que quelques instants après qu'ils purent unir leurs voix à celle des prêtres. Lorsque les chants eurent cessé, un autre piètre occupa la place du milieu, et d'une voix douce et pleine d'affection, il demanda aux fidèles si ce qu'avait dit son frère était arrivé jusqu'à leur cœur, s'ils désiraient éviter l'enfer qu'il leur avait fait voir. « S'il en est ainsi, venez, continua-t-il en étendant les bras vers les assistants ; venez à nous, et nous vous montrerons Jésus, le doux et bien-aimé Jésus, qui vous délivrera de l'enfer. Mais il faut que vous veniez à lui ! vous ne devez point avoir honte de venir ! Cette nuit, vous direz au doux Jésus que vous ne rougissez pas de lui. Nous allons vous ouvrir le chemin. Les bancs destinés aux pécheurs inquiets vont vous être ouverts. Venez donc, venez vous asseoir sur le banc d'anxiété (*anxious bench*), et nous vous ferons voir Jésus ! Venez, venez, venez ! »

« On entonna un hymne, et alors un des prêtres fit évacuer un ou deux bancs qui longeaient la balustrade, et renvoya au fond de l'église ceux qui s'y étaient assis. Les chants ayant cessé, un des trois prêtres exhorta encore les assistants à ne point rougir de Jésus, les invita à venir prendre place sur le banc d'anxiété et reposer leurs têtes sur son sein. « Nous allons chanter encore un hymne, continua le prêtre, afin de vous donner tout le temps de vous résoudre ». Et les chants recommencèrent.

« En ce moment, dans toutes les parties du temple, il se fit un mouvement léger d'abord, mais qui prit par degré un caractère plus décidé. De jeunes filles se levèrent, s'assirent, et puis se levèrent de nouveau. Alors les portes des bancs s'ouvrirent, et l'on vit s'avancer en chancelant plus leurs jeunes filles, les mains jointes, la tête penchée sur la poitrine, et tremblant de tous leurs membre. ; . Les chants continuaient toujours. Ces pauvres créatures s'approchèrent des bancs, et leurs sanglots et leurs gémissements commencèrent à se faire entendre. Elles s'assirent, l'hymne fut suspendu, et deux prêtres descendant de la tribune, s'avancèrent l'un à droite, l'autre à gauche du banc, et murmurèrent des paroles à l'oreille des jeunes filles qui tremblaient toujours. Ces paroles n'arrivaient point jusqu'à nous ; mais en ce moment les cris et les sanglots s'accrurent d'une manière horrible. Ces faibles créatures, les traits altérés et couverts de pâleur, tombèrent à genoux sur les dalles, et bientôt leur visage alla frapper la terre. Des cris et des gémissements extraordinaires se faisaient entendre, et de temps en temps une voix s'écriait avec des accents convulsifs : « Oh ! Jésus ! Jésus, mon sauveur ! venez à mon secours ! » et d'autres choses semblables.

« Cependant les deux prêtres continuaient à parler bas aux jeunes filles ; de temps en temps ils montaient sur les bancs, et ils annonçaient à l'auditoire de toute la force de leurs poumons que l'opération du salut s'accomplissait, et alors de toutes les parties de l'église s'élevaient ces cris brefs et perçants : *Amen ! Gloire ! Amen !* pendant que les pénitentes, presque étendues sur le pavé, continuaient à recevoir des exhortations murmurées à leur oreille, et de temps en temps des caresses mystiques. Il faut le dire, plus d'une fois je vis le bras du prêtre passé autour du cou d'une jeune fille. Un grand nombre de ces créatures étaient en proie à d'horribles convulsions ; et quand le tumulte fut parvenu à son plus haut point, le prêtre qui était resté à la tribune entonna un hymne d'une voix forte, comme pour essayer de couvrir les cris des pénitentes.

« C'était un spectacle horrible de voir ces pauvres filles, à peine au matin de la vie, frappées de terreur, livrées à d'affreuses convulsions, affaiblies et énervées pour toujours. Je remarquai une de ces faibles créatures, qui ne devait pas avoir plus de quatorze ans, soutenue dans les bras de ses compagnes plus âgées ; son visage était couvert de la pâleur de la mort, ses yeux hagards étaient privés de tout sentiment, et des flots d'écume ruisselaient sur son menton et sa poitrine. Sur tous ses traits étaient empreintes les apparences d'un idiotisme complet. Un prêtre s'approcha, et prenant la main délicate de cette convulsionnaire : « Jésus est avec elle ! Dieu soit béni ! » dit-il froidement, et il passa.

« Si les Américains estimaient leurs femmes comme il convient que des hommes estiment leurs épouses et leurs filles, souffriraient-ils chez eux des scènes si profanes, si scandaleuses ?

« Est-il nécessaire de dire que les femmes seules obéirent à l'appel des prêtres, et vinrent s'asseoir sur les bancs d'anxiété, et que la plus grande partie étaient de très jeunes femmes. La congrégation avait revêtu ce jour-là ses habits de fête, et les dames les plus jolies et les plus élégantes de la ville assistaient à cette indigne cérémonie. Pendant toute l'époque du Revwal, un immense concours de monde afflue toujours dans les temples.

« Tels sont les plaisirs des dames de Cincinnati. Il est défendu d'aller au spectacle ; les jeux de cartes sont interdits ; et comme elles travaillent assidûment dans leurs maisons, elles ont besoin cependant de distractions. Pour mon compte, je suis d'avis que la plus méchante comédie qui jamais ait été écrite, offre moins de dangers à la jeunesse et à l'innocence, que la vue de la scène que je viens de décrire. »


On a beaucoup accusé mistress Trollope d'avoir conclu de la civilisation des états de l'ouest, qui sont moins avancés, à celle des États-Unis en général. Cette accusation peut n'être pas sans quelque fondement. Mais quant aux scènes qu'on vient de lire, elle les a retrouvées absolument les mêmes dans les plus grandes et les plus florissantes cités des états de l'est. Nous ne citerons que le passage suivant sur Baltimore.


« L'église, dit mistress Trollope, était remplie de femmes qui luttaient entre elles de hurlements et de contorsions. Plusieurs mettaient en pièces leurs vêtements. En dépit de l'indignation et du dégoût que cette scène m'inspirait, je m'amusai beaucoup de la véhémence des nègres qui se trouvaient là. Ils semblaient déterminés à crier plus fort que les autres, pour prouver tout à-la-fois leur piété et leur égalité.

« Peu de jours auparavant, dans la même église, une femme, dans un accès d'extase, était tombée d'une galerie supérieure sur la tête des assistants. Une jeune négresse, qui nous servait à table, nous assura que cet accident se renouvelait assez souvent. Une autre esclave de la maison nous dit « que pour son compte elle aimait bien la religion, mais qu'elle ne tombait jamais en convulsion, parce que, mettant toujours sa plus belle robe pour aller à l'église, elle craignait de la chiffonner et de la déchirer. »

Voilà ce qui se passe dans les villes. Les campagnes étant moins riches, et la population s'y trouvant beaucoup plus éparpillée, il faut procéder autrement. De là, les camp-meetings, ou réunions dans les bois, dont on va lire la description.

« Ce fut dans le courant de cet été qu'après l'avoir longtemps désirée, je trouvai enfin l'occasion d'assister à un *camp-meeting*. Un Anglais et sa femme, qui s'y rendaient, m'offrirent dans leur voiture une place, que j'acceptai avec empressement. La scène devait se passer dans un lieu sauvage et écarté, sur les confins de l'état d'Indiana.

« La perspective de passer une nuit dans les sombres forêts d'Indiana n'était assurément pas attrayante ; mais je m'armai de tout mon courage, et je partis, fermement déterminée à voir de mes yeux et à entendre de mes oreilles ce que c'était réellement qu'un *camp-meeting*. On m'avait dit qu'assister un *camp-meeting*, c'était se trouver sur la porte du ciel et le voir ouvert devant soi ; ou m'avait dit, d'un autre côté, que c'était avoir franchi les portes de l'enfer et en contempler toutes les horreurs : ce double renseignement avait piqué ma curiosité. Dans les deux cas, ce devait être un spectacle extraordinaire et qui me promettait une suffisante compensation aux fatigues d'une longue course, et à une nuit passée sans dormir à la belle étoile.

« Nous atteignîmes le lieu de la scène à onze heures du soir, et le spectacle le plus pittoresque se présenta à nos regards. Le terrain qu'on avait choisi était situé au milieu d'une forêt vierge. C'était une clairière d'environ vingt acres d'étendue, qui semblait, du moins en partie, avoir été ménagée pour cette cérémonie. Tout autour et le long des bords de la forêt s'élevaient pressées les unes contre les autres, des tentes de diverses grandeurs ; derrière ces tentes, un autre cercle était formé par les voitures et charrettes de toutes les espèces qui avaient amené les spectateurs ; et derrière ces charrettes étaient attachés les chevaux qui les avaient traînées. A travers cette triple barrière défensive, notre œil distinguait les grands feux qui étaient allumés dans l'enceinte. A la clarté de ces feux se joignait celle d'innombrables lampions suspendus aux branches de quelques arbres qu'on avait laissé subsister dans la clairière. La lune, arrivée au plus haut point de sa course, brillait du haut du ciel sur cette vaste scène.

« Nous laissâmes la voiture aux soins d'un domestique qui devait y préparer un lit pour mistress B. et moi, et nous entrâmes dans l'enceinte. Au premier-coup d'œil, ces arbres illuminés et ces groupes se promenant sous leur feuillage me rappelèrent le Wauxhall ; mais le second me révéla une scène qui ne ressemblait à aucune chose que j'eusse vue dans ma vie. Quatre échafaudages gigantesques, construits en forme d'autels, s'élevaient aux quatre coins de l'enceinte : ils étaient recouverts d'une couche épaisse de terre, sur laquelle brûlaient d'immenses feux de bois de pin. Sur un des côtés, on voyait une informe estrade préparée pour recevoir les prédicateurs. Il y en avait quinze à la tête de ce *meeting*. Sauf les courts intervalles réservés pour les repas et les actes de dévotion privée, ils se succédaient sans interruption sur cette estrade, et y prêchaient jour et nuit depuis le mardi jusqu'au samedi.

« Lorsque nous arrivâmes, les prédicateurs se taisaient ; mais de toutes les tentes qui environnaient la place s'échappaient des sons confus, mélange bizarre de prières, de déclamations, de chants et de gémissements. Les draperies blanches qui servaient de portes à ces tentes étaient en ce moment fermées, et la lumière qui en éclairait l'intérieur les dessinait comme de pâles fantômes sur le fond sombre de la forêt. C'était un spectacle d'une mystérieuse beauté pour l'imagination, et si les sons qui l'animaient eussent été moins étranges et moins discordants, j'en aurais vivement joui. Malheureusement je m'arrêtai pour écouter, à l'angle d'une tente plus bruyante que les autres, et peu d'instants suffirent pour dissiper les illusions naissantes de mon imagination, et me rappeler à des réalités d'une nature trop prononcée pour permettre ou la méprise ou l'oubli.

« Un grand nombre de personnes se promenaient comme nous dans l'enceinte, et, comme nous aussi, semblaient n'être venues Là une pour voir. Quelques-unes s'étaient arrêtées près de cette tente, et il s'en trouva qui poussèrent l'indiscrétion jusqu'à entrouvrir la toile à l'un des angles. Grâce à leur curiosité, la nôtre fut satisfaite, et nous pûmes voir parfaitement tout ce qui se passait dans l'intérieur.

« Le sol de la tente était jonché de paille, relevée tout autour en couches plus épaisses, de manière à former comme un divan circulaire où l'on pût s'asseoir ; mais ce divan n'était point eu ce moment consacré à cet usage : il soutenait les bras et les têtes d'un cercle pressé d'hommes et de femmes agenouillés sur le sol.

« D'une trentaine de personnes ainsi placées, une demi-douzaine peut-être étaient des hommes. Un de ces derniers, beau garçon de dix-huit à vingt ans, était précisément agenouillé au-dessous de l'ouverture par laquelle nous regardions. Son bras était passé autour du cou d'une jeune fille, à genoux à côté de lui, la chevelure éparse sur ses épaules, et le visage agité de la plus vive émotion. Nous les vîmes bientôt tomber ensemble sur la paille, comme s'ils eussent été incapables de supporter dans une autre attitude la brûlante éloquence d'une grande figure habillée en noir, qui, debout au centre de la tente, débitait avec une incroyable véhémence un discours qui semblait tenir le milieu entre la prédication et la prière. Les bras de cet homme pendaient raides et immobiles à ses côtés, et il avait l'air d'un automate mal construit, mis en action par un moteur si violent, qu'il courait risque d'en être brisé, tant les mots étaient chassés de sa bouche par secousses pénibles et cependant rapides. Le cercle agenouillé ne cessait d'invoquer le nom de Jésus sur tous les tons, et ces invocations étaient accompagnées de sanglots, de gémissements, et d'une sorte de hurlement sourd, dont l'effet sur l'oreille est inexprimable. Cependant mon attention ne s'arrêta pas longtemps sur le prêcheur et sur ceux qui l'environnaient : elle fut bientôt entièrement absorbée par une figure isolée qui était à genoux au milieu de la tente. C'était la vivante image du Mac-Briar de Walter Scott, aussi jeune, aussi sauvage, aussi terrible. Ses bras amaigris étaient étendus au-dessus de sa tête avec tant de violence, qu'ils sortaient des manches de son habit, nus jusqu'au coude. Ses larges yeux étaient fixes et glacés. Il répétait dans un moment de relâche le mot gloire ! et avec une véhémence qui gonflait ses veines de manière à les rompre. Ce spectacle était trop affreux. Nous ne pûmes le supporter longtemps, et nous nous éloignâmes en frémissant.

« Nous fîmes le tour des tentes en nous arrêtant près de celles d'où partaient des sons plus bizarres ou plus violents. Nous réussîmes à entrevoir ce qui se passait dans plus leurs : c'était partout la même scène. Toutes étaient garnies d'un lit de paille, et les horribles figures, assises, agenouillées ou couchées, qu'elles renfermaient, jointes aux cris convulsifs qui en partaient, leur donnaient à toutes l'air d'autant de cellules de Bedlam.

« Une de ces tentes était exclusivement remplie de nègres. Ils étaient tous en habit de fête, et avaient parfaitement l'air de gens qui jouent la comédie sur un théâtre. Une femme portait une robe de gaze rose, garnie d'une dentelle d'argent ; une autre était en robe de soie jaune pâle ; deux avaient de magnifiques turbans sur la tête ; toutes étaient couvertes d'une profusion d'ornements. Les hommes étaient en pantalons blancs avec des gilets de couleur. Un de ces derniers, jeune homme fort agréable dans son espèce, débitait un discours avec les gestes les plus outrés, s'élançant de terre de temps en temps et frappant de<i mains par-dessus sa tête. Si nos sociétés de missionnaires eussent entendu Ses belles choses qu'il adressait à Dieu en guise de prière, peut-être auraient-elles douté que sa conversion eût éclairé son esprit.

« Cependant minuit arriva ; le son du cor retentit dans le camp ; et l'on nous apprit que c'était le signal qui rappelait le troupeau des fidèles autour de l'estrade. En effet, nous le vîmes sortir des tentes et accourir de tous les côtés. Nous réussîmes ma compagne et moi à nous placer au pied même de l'estrade, le dos appuyé contre les pièces de bois qui la soutenaient. Nous étions en bonne position pour bien voir la scène qui allait suivre. Environ deux mille personnes composaient l'assistance.

« Un des prédicateurs commença d'une voix basse et nazillarde. Il débuta, selon l'usage des méthodistes, par s'étendre sur la dépravation profonde de l'homme quand il sort des mains du créateur, et sur sa parfaite sanctification quand il a assez longtemps et assez vigoureusement lutté avec le Seigneur pour s'emparer de lui, etc., etc. Les cris *amen ! amen ! Jésus ! Jésus ! gloire ! gloire !* exprimaient à chaque instant l'admiration de l'auditoire. Mais cette tranquillité comparative ne fut pas de longue durée. Bientôt le prédicateur, poursuivant son discours, leur apprit que le temps était venu pour les pécheurs inquiets de lutter avec le Seigneur ; que cette lutte devait avoir lieu cette nuit même ; que lui et ses frères étaient là pour les aider, et qu'il fallait que ceux qui avaient besoin de leur secours s'avançassent dans le *pen*. Le *pen* était l'espace qui s'étendait au pied même de l'estrade ; nous pûmes donc voir et entendre jusques aux moindres détails de cette scène étrange.

« Au mot de *pen*, la masse d'auditeurs qui était devant nous, recula, de manière à laisser un espace libre au pied de l'estrade. Les prédicateurs descendirent et vinrent se placer au milieu de cet espace, chantant un hymne, et appelant à eux les pécheurs. Tout en chantant, ils parcouraient le cercle qui les entourait, et par degrés les voix de cette multitude se marièrent à la leur. Ce fut le seul moment où cette scène religieuse me présenta quelque chose de cette beauté solennelle qu'on m'avait annoncée. Cette multitude de voix s'élevant harmonieusement au milieu de la nuit et du sein de ces éternelles forêts ; ces visages de jeunes femmes, rendus plus pâles et plus beaux par les rayons de la lune ; ces sombres figures des prêtres s'agitant au milieu du cercle, et ces obscures clartés jetées dans les profondeurs delà forêt par la flamme des bûchers, produisaient un effet sublime et mystérieux qui ne s'effacera point de ma mémoire. Mais au moment même où je commençais à en jouir, la scène changea de nature, et le sentiment religieux que j'éprouvais fit place à l'horreur et au dégoût.

« L'exhortation des prêtres n'avait guère été que la répétition de ce que j'avais entendu au Revival ; mais l'effet fut tout différent. Au lieu d'un petit nombre de femmes, je vis plus de cent personnes, presque toutes femmes aussi, s'avancer vers le *pen*, poussant des gémissements si affreux, que je tremble encore, d'y penser. Elles semblaient se pousser mutuellement en avant ; mais au mot *prions* ! prononcé par le prêtre, toutes tombèrent sur leurs genoux. Cependant elles quittèrent bientôt cette posture pour d'autres qui laissassent plus de liberté aux mouvements convulsifs de leurs membres, et bientôt je n'eus plus sous les yeux qu'une horrible confusion de têtes et de jambes s'agitant pêle-mêle sur le sol. Telle était la violence de ces mouvements, que je craignais à chaque instant quelque accident sérieux.

« Mais comment décrire les sons qui sortaient de cet amas confus de créatures humaines ; aucun mot de la langue ne saurait les rendre : hocquets hystériques, sanglots convulsifs, sourds gémissements, cris inarticulés, aigus, rapides, tout se confondait et se distinguait pourtant dans ce bruit affreux. J'étais malade d'horreur. Et comme si la voix ne leur eût pas suffi pour exprimer leur agitation, le bruit des mains violemment frappées l'une contre l'autre ne tarda pas à s'y joindre. J'avais sous les yeux la scène décrite par le Dante.

« Quivi sospiri, pianti, ed alti guai
Risonavau per l'aere……
… Orribili favelle,
Parole di dolore, accenti d'ira,
Voci alte e floche, *e suon di mari con elle.*

« Beaucoup de ces malheureuses créatures étaient de jeunes et belles filles. Les prêtres circulaient au milieu d'elles, excitant tour-à-tour et adoucissant leur agonie: J'entendais les mots : « ma sœur ! ma chère sœur ! » murmurés à l'oreille de ces malheureuses victimes ; je voyais des lèvres perfides toucher leurs visages ; je distinguais les paroles à peine articulées de leurs confessions, et la rougeur que produisaient sur leurs joues pâles les consolations à voix basse de leurs bourreaux. Homme, je n'aurais pu me contenir ; je serais intervenu. Il n'existe pas un Anglais qui fût capable de supporter patiemment une telle scène ; sa main obéirait à son indignation et frapperait les coupables, en attendant que la loi leur infligeât la punition plus sévère qu'ils méritent.

« Les pénitentes ne s'en tenaient pas toutes aux gémissements inarticulés et à la confession à voix basse ; les paroles de quelques-unes se détachaient de temps en temps, sur cette basse confuse, en phrases sonores et distinctes ; et alors le comique le disputait à l'horrible.

« Les plaintes d'une très jolie fille agenouillée devant nous dans l'attitude de la Madeleine de Canova, attirèrent principalement mon attention. Après avoir débité une quantité incroyable de jargon méthodiste, elle fondit en larmes et s'écria : « Anathème ! anathème sur les apostats ! Ecoute, écoute, ô Jésus ! lorsque j'avais quinze ans, ma mère mourut, et j'apostasiai ; ô Jésus ! j'apostasiai ! Réunis-moi à ma mère, ô Jésus ! réunis-moi à ma mère, car je suis fatiguée. O John Mitchel ! John Mitchel ! » Et après avoir sanglotté dans ses mains, elle montra de nouveau sa figure charmante, pâle comme la mort : « Oh ! quand serai-je assise sur le rivage de l'autre monde avec ma mère ! ma mère, ma chère mère ! ô Jésus ! réunis-moi à ma mère ! »

Théodore Jouffroy

« Qui aurait pu refuser une larme à ce désir passionné de la mort dans une créature si jeune et si belle ! Mais le lendemain, avant mon départ, je la vis, la main entrelacée dans la main, et la tête appuyée sur la poitrine d'un homme, qu'on aurait pris pour Don Juan, renvoyé sur cette terre comme un être d'une trop méchante nature pour vivre avec les démons eux-mêmes.

« Une autre femme, placée aussi près de nous, ne cessa pas une minute, pendant plus de deux heures que nous fûmes là, *d'appeler le seigneur* de toutes les forces de ses poumons. A la fin elle s'enroua horriblement, et sa figure devint si tendue et si rouge, que nous nous attendions à la rupture de quelque vaisseau. « Je veux m'attacher à Jésus, s'écriait-t-elle parmi beaucoup d'autres folies ; je veux me cramponner à lui et ne jamais le lâcher ; ils auront beau vouloir m'entraîner en enfer, je tiendrai ferme, ferme, ferme ! »

« Le chant des prêtres venait de temps en temps se mêler à cet épouvantable vacarme ; mais les mouvements convulsifs des pauvres maniaques n'en devenaient que plus violents. A la fin, les choses en vinrent à un tel degré de grossièreté que nous dûmes quitter la partie. Nous regagnâmes notre voiture vers trois heures du matin et passâmes le reste de la nuit à écouter de loin le tumulte toujours croissant du *pen*, car il nous fut impossible de fermer l'œil. A l'aube du jour, le son du cor nous annonça que l'assemblée se séparait et que chacun rentrait dans sa tente. Une heure après nous nous promenions dans l'enceinte, où nous trouvâmes tous nos pénitents de la nuit aussi joyeusement occupés à préparer et à dévorer leur très substantiel déjeuner que s'ils eussent passé la nuit à danser. Je reconnus là plus d'une douce brebis, pâle encore des convulsions au milieu desquelles je l'avais laissée quelques heures auparavant, assise et souriant à côté du berger, à qui elle servait, avec une sollicitude caressante, du café chaud et des œufs. Le saint prédicateur et la pécheresse gémissante paraissaient apprécier avec la même sensualité cette manière de réparer leurs forces.

« Après m'être administré à moi-même une dose de thé que les fatigues d'une nuit si étrangement employée m'avaient rendu très nécessaire, j'allai me promener seule dans la forêt. Je ne me souviens pas d'avoir jamais si bien senti les douceurs de la solitude et du silence.

« Bientôt après nous partîmes. Mais avant notre départ nous eûmes le plaisir d'apprendre qu'une collecte *fort satisfaisante* avait été faite par les prédicateurs, pour la propagation de la Bible, l'impression des traités religieux, *and all other religions purposes.* » Mais ce n'est pas assez pour le zèle des prêtres, et la piété des habitants des campagnes, que ces grandes réunions en plein air. Des missionnaires isolés parcourent les fermes et les villages, pour y répandre la parole, et y recueillir l'obole du pauvre. Mistress Trollope nous raconte les détails d'un *meeting* auquel elle assista chez sa jardinière, pendant son séjour à la campagne. Comme ce sont toujours les mêmes scènes, nous ne traduirons pas son récit ; nous nous contenterons d'en extraire le passage suivant :

« Je m'informai auprès d'un de mes amis, fort au courant de ces sortes de choses, comment ces prédicateurs ambulants étaient payés de leurs peines. Il me répondit que ce n'était point du tout une mauvaise industrie, et que plus d'une *bonne femme* prenait sur elle de donner à ces apôtres voyageurs, en récompense de leur zèle, un peu plus que la *dime* de l'argent que son *bon homme* lui donnait à garder. Ces noirs ministres s'en vont de village en village et de ferme en ferme, montés sur un bon bidet. Ils ne sont pas seulement aussi vides que le vent, ils lui ressemblent encore par le caprice de leurs démarches ; personne ne sait jamais ni d'où ils viennent, ni où ils vont. Lorsqu'ils aperçoivent une maison qui leur promet un bon lit et un bon souper, ils y entrent, et disent à la maîtresse : « Ma sœur, prierai-je avec vous ? » Si la réponse est favorable, et il est rare qu'elle ne le soit pas, notre missionnaire s'installe au logis avec son cheval, et y demeure jusqu'au lendemain après déjeuner. Les meilleurs mets, le meilleur vin, la plus belle chambre, sont pour lui, et il ne part guère sans avoir levé une petite contribution en argent, pour le soutien de l'église crucifiée et souffrante.»

On a vu que les femmes jouaient constamment le principal rôle dans les différentes scènes racontées par mistress Trollope ; voici comment elle explique ce phénomène :

« Je n'ai jamais vu peuple aussi dépourvu d'amusements que les habitants de Cincinnati. Les billards sont défendus par la loi, ainsi que les cartes ; dans l'Ohio, une amende de 50 dollars est infligée à celui qui en vend un paquet. Point de bals, excepté six à Noël ; point de concerts, point de repas. Ils ont un théâtre, mais soit économie, soit défaut de goût, il est très peu suivi. On y voit rarement des femmes, la plupart considérant comme une offense à la religion d'y paraître. Ce n'est que dans les églises et les chapelles qu'on peut les voir réunies et parées ; et je crois qu'à la première vue, un étranger serait tenté de prendre les temples consacrés à Dieu pour les théâtres et les cafés de la ville. Il n'est pas de soirée dans la semaine où ils ne se remplissent de tout ce qu'elle contient de femmes jeunes et belles, mises avec soin, et quelquefois avec prétention. C'est là que se déploient les parures et que se fixent les modes. Les hommes y sont beaucoup moins exacts que les femmes ; mais de jeunes et élégants ecclésiastiques expliquent et justifient suffisamment cette exhibition de rubans et de bijoux. Au fait, s'il n'y avait pas d'églises à Cincinnati, les femmes pourraient jeter au feu tout ce qui sert à les embellir: c'est le seul débouché que j'y connaisse à la toilette.

« Les femmes sont trop occupées dans l'intérieur de leur maison pour se mettre complètement sous les armes dans leurs visites du matin ; il n'y a ni jardin public, ni magasins à l'a mode où l'on puisse se montrer ; et sans la religion et le thé toutes les dames de Cincinnati courraient risque de devenir de vraies cénobites.

« L'influence que les ministres des innombrables sectes religieuses répandues en Amérique exercent sur les femmes de leurs congrégations respectives, peut se comparer à celle que les prêtres ont sur elles en Espagne et dans les pays catholiques. Les causes de cette influence sont faciles à démêler. Là où l'égalité des conditions est humblement reconnue par le riche, et orgueilleusement réclamée par le pauvre, il ne reste de distinction que pour le clergé, et de prééminence que la sienne : cela leur donne une haute importance aux yeux des femmes. D'une autre part, les Américains s'occupent si peu des femmes, qu'elles ne reçoivent guère que du clergé cette espèce d'attention qui est partout si précieuse à leur vanité. Cette importance qu'on leur accorde en Europe dans tous les rangs de la société, excepté peut-être dans le plus bas, elles ne l'ont guère, en Amérique qu'aux yeux des piètres, et en échange elles remettent à leur garde et leurs cœurs et leurs âmes. Je ne sache pas un pays au monde où la religion ait tant d'empire sur les femmes, et si peu sur les hommes. »

On devine aisément que l'influence des prêtres sur les femmes doit avoir quelquefois des résultats qui ne sont rien moins que spirituels. Voici une anecdote qui confirmerait au besoin cette présomption.

« J'appris à Philadelphie une anecdote qui montre bien les conséquences funestes à la morale que peut avoir cette autorité des prêtres sur les femmes ; elle me fut racontée par une jeune dame, également estimable comme épouse et comme mère, et dont la véracité est au-dessus de tout soupçon. Elle me raconta donc qu'après la mort de sa mère, son père était venu s'établir à Philadelphie avec ses deux sœurs et elle. L'année qui précéda son mariage, un prédicateur ambulant arriva dans la ville et ne tarda pas à être accueilli sur le pied de l'intimité dans plusieurs maisons respectables. Celle de son père en était une, et l'influence du prêtre devint grande sur ses sœurs, et particulièrement sur la plus jeune. Comme il arrive souvent, une affection toute terrestre se mêlait dans le cœur de cette dernière à des sentiments qu'elle croyait purement spirituels. Quand ses sœurs lui représentèrent qu'elle ne devait pas mettre trop de tendresse dans ses relations avec le prêtre, elle montra le même ressentiment que si on lui eût dit qu'elle ne devait pas réciter ses prières trop dévotement. A la fin le père remarqua la passion mal contenue qui brillait dans les yeux du saint homme, et il remarqua aussi l'anxiété et la pâleur qui régnaient sur le front de sa fille ; peut-être aussi quelques mauvais bruits avaient éveillé sa sollicitude. Quoi qu'il en soit, un beau matin il signifia au prêtre qu'il eût à ne point remettre les pieds dans sa maison. Ses trois filles, qui étaient présentes, ne purent s'empêcher de se récrier ; mais le vieil homme ajouta avec fermeté : « Révérend père, si vous vous montrez de nouveau chez moi, non-seulement je vous montrerai la porte de ma maison, mais je ferai en sorte qu'on vous montre celle de la ville. » Il fallut se soumettre ; le prédicateur se retira, et le jour même il disparut de la ville. Mais au bout de quelques mois, des bruits étranges commencèrent à circuler dans les sociétés qu'il avait fréquentées, et au bout de quelques autres encore, sept malheureuses filles mirent au monde des preuves vivantes de la sagesse et de la prévoyance du père de celle qui me racontait cette histoire.»

Nous n'avons pas besoin de dire combien les extravagances d'un pareil christianisme ont effrayé l'imagination et le bon sens de notre voyageuse : on a déjà pu s'en apercevoir. A la suite d'un des récits que nous avons rapportés, elle ajoute les réflexions suivantes :

« N'est-il pas étonnant que *le peuple le plus intelligent du monde* préfère les folies capricieuses d'un tel christianisme à des dogmes épurés et fixés pour la sagesse et la piété des hommes les meilleurs et les plus éclairés, solennellement sanctionnés par la loi nationale, et rendus sacrés par le long respect des générations précédentes ?

« Il me semble que les hommes qui sont appelés parmi nous à régler les rapports de l'état avec l'église, feraient bien d'observer avec soin et sans préjugés, les résultats de l'expérience qui se fait en cette matière de l'autre côté de l'Atlantique. Peut-être leur apprendrait-elle beaucoup mieux que la spéculation abstraite, quels sont les points que la loi doit régler, et quels sont ceux qu'elle doit laisser à la libre opinion du peuple. Je suis intimement convaincue que si un adorateur du feu ou un brahmine indien arrivait aux Etats-Unis, préparé à prêcher et à prier en anglais, il ne tarderait pas à réunir autour de lui *une fort jolie congrégation.*

« Assurément, le gouvernement et la loi ne doivent en aucune manière, au dix-neuvième siècle, imposer des entraves aux spéculations religieuses du philosophe ; mais c'est à-la-fois leur droit et leur devoir de contenir dans de certaines limites les opinions aveugles et flottantes de la multitude. Il y a réellement quelque chose de pitoyable dans les effets que produit en Amérique la liberté absolue. J'ai connu une famille où sur trois femmes, l'une était méthodiste, l'autre presbytérienne, et la troisième baptiste ; une autre, où sur le même nombre, une était quaker, une autre athée déclarée, et la troisième universaliste. Toutes ces femmes appartenaient à la meilleure société ; mais des six il n'y en avait pas une qui ne fût aussi peu capable de raisonner sur de pareilles matières que l'enfant qui est en nourrice, quoique toutes le fussent parfaitement de marcher avec fermeté et conscience dans une voie qui leur aurait été tracée. Mais je m'arrête. Je mériterais qu'on m'appelât moi-même un prédicateur ambulant si je poursuivais. »

Ailleurs, mistress Trollope consacre un chapitre tout entier à des considérations sur le même sujet. Nous en extrairons le passage suivant.

« Je m'étais souvent laissé dire, avant mon voyage en Amérique, qu'un des plus grands bienfaits de sa constitution était l'absence d'une religion nationale ; par là, me disait-on, le pays se trouve déchargé de l'entretien du clergé, et ceux-là seuls paient les prêtres qui s'en servent. Mon séjour en Amérique m'a prouvé que la tyrannie religieuse peut très bien s'exercer sans l'assistance du gouvernement, et d'une manière beaucoup plus oppressive que par le paiement de la dîme ; et que la seule différence entre les deux régimes, c'est que le plus libéral substitue une licence effrénée à ce décorum salutaire qui est le résultat d'une forme religieuse consacrée.

« La population des Etats-Unis est, pour ainsi dire, partagée en une multitude infinie de factions religieuses, et l'on m'assura que pour être bien accueilli dans la société, il était indispensable de se déclarer le partisan de l'une d'elles. Quelle que puisse être votre croyance, vous n'êtes point chrétien, si vous n'appartenez pas à l'une de ces congrégations. Outre les grandes catégories des épiscopaux, des catholiques, des presbytériens, des calvinistes, des baptistes, des quakers, des swedenborgiens, des universalistes, des dunkeristes, etc., etc., que tout le monde connaît, on trouve en Amérique une innombrable quantité de sectes particulières qui sont comme les ramifications des premières, et qui toutes ont leur gouvernement spécial. Chacune de ces congrégations a invariablement à sa tête le plus intrigant et le plus ambitieux de ses membres ; et, pour expliquer et justifier par devant le public son existence indépendante, chacune introduit dans le culte quelque pratique bizarre qui la distingue : ce qui a pour inévitable effet d'exposer à un mépris commun les cérémonies et les pratiques de toutes.

« Les catholiques seuls paraissaient exempts de cette fureur de division et de subdivision qui remplit toutes les autres sectes. L'autorité du pape les sauve sans doute de cette prodigieuse licence, accordée à la fantaisie des individus par toutes les autres croyances.

« J'eus le plaisir d'être présentée à l'évêque catholique de Cincinnati, et je n'ai jamais rencontré dans aucun pays un ecclésiastique d'un caractère et d'une conduite plus apostoliques. Il est Américain, mais rien ne l'annonce dans sa prononciation, ni dans ses habitudes. Elevé en Angleterre et en France, ses manières sont de la plus parfaite noblesse, et sa piété active et sincère n'a rien de l'intolérance de ces turbulents sectaires qui composent en grande majorité le clergé des Etats-Unis.

« Je me crois moi-même aussi tolérante que personne ; mais cette tolérance ne va pas jusqu'à l'aveuglement, et il faudrait être aveugle pour ne pas apercevoir que le but des pratique ? religieuses est infiniment mieux atteint, quand le gouvernement de l'église est confié à la sagesse et à l'expérience des hommes les plus vénérables, que lorsqu'il est placé entre les mains du premier cordonnier ou du premier tailleur qui juge à propos de s'en emparer. Et ce n'est pas là pour un pays le seul inconvénient de la liberté religieuse. Comme il n'y a aucun salaire légalement affecté à l'entretien des prêtres, il en résulte que ceux-là seuls jouissent, des avantages de la religion qui peuvent les payer. Le zèle, aussi hypocrite qu'extravagant, déployé dans les *Revivals*, n'est pas plus une compensation à l'absence de tout culte dans les villages, que ne le sont à l'ordre social continuellement foulé aux pieds, les éternelles louanges prodiguées par les Américains à leur admirable et incomparable gouvernement. L'église et l'état n'en vont pas moins clochant côte à côte, malgré leur indépendance si vantée. Vous ne rencontrez pas un Américain qui ne vous dise qu'il est excessivement occupé des intérêts les plus importants de l'état, et pas une Américaine qui ne vous assure qu'indépendamment des soins de son ménage, elle a chaque jour sur les bras les affaires de toutes les églises. Mais en dépit de cette perpétuelle préoccupation des hommes, les lois sont. A moitié endormies ; et malgré le beau zèle des vieilles femmes, et le bavardage de leurs sociétés religieuses, l'athéisme veille et avance.

« Dans les villes et les bourgs, les *prayer-meetings* tiennent lieu de presque tout autre amusement. Mais la population de la plupart des villages étant trop faible pour donner des meetings, ou trop pauvre pour payer des prêtres, on est obligé d'y naître, de s'y marier et d'y mourir sans eux. Un étranger qui vient s'établir dans une ville des Etats-Unis, peut croire que les Américains sont le peuple le plus religieux du monde ; mais que le hasard le conduise dans les villages des états de l'ouest, il changera d'opinion. Là, sauf les horribles saturnales des *camp-meetings*, il ne rencontrera aucune trace de culte, ni église, ni chapelle, ni prêtre qui prie, ni prêtre qui prêche. Je me souviendrai toujours delà réponse que me fit une pauvre femme, que je trouvai travaillant le dimanche. «Ne faites-vous donc aucune différence, lui demandais-je, entre le dimanche et les autres jours de la semaine ? — Je voudrais bien être chrétienne, ma« dame, me répondit-elle, mais nous n'en avons pas l'occasion. » Ce mot me fit penser que dans un pays où tous les hommes sont égaux, peut-être le gouvernement ne commettrait-il pas un grand crime, s'il osait intervenir dans la religion jusqu'à fournir à ceux qui le désirent, l'occasion de devenir *chrétiens*. Mais si le gouvernement actuel s'aventurait jusqu'à proposer de bâtir et de doter une église dans un de ces villages qui n'ont jamais entendu *le son de la cloche natale*, il est parfaitement certain que non-seulement l'état souverain au sujet duquel une telle abomination aurait été proposée, s'insurgerait au congrès contre cette odieuse intervention, mais encore que tous les autres états joindraient leurs clameurs à la sienne, et qu'un acte d'accusation serait aussitôt proposé contre l'administration usurpatrice coupable d'une pareille tentative. »

Une autre conséquence de la liberté religieuse, signalée par mistress Trollope, c'est la licence extrême avec laquelle on mêle la religion à toute espèce de conversation ; elle cite comme échantillon de cette licence l'aimable causerie qu'on va lire. La scène se passe à Cincinnati, dans un salon ; les interlocuteurs sont assis autour d'une table, ils prennent du thé, et sont le plus spirituels qu'ils peuvent.

### LE DOCTEUR A.

A propos, madame, vous seriez bien aimable de m'expliquer nettement ce que c'est qu'un *revival* ; je n'entends parler d'autre chose par la ville et je me doute bien que cela touche Jésus-Christ et la religion ; mais je n'en sais pas davantage et je vous serais fort obligé de compléter mon instruction.

MISTRESS M.

Vous voulez sans doute vous moquer de moi, docteur ; mais n'importe, je suis ferme dans mes principes et ne crains le rire de personne.

LE DOCTEUR A.

De grâce, madame, éclairez-moi.

MISTRESS M.

Il est vraiment difficile, docteur, de faire voir les aveugles et de faire entendre les sourds ; mais enfin j'essayerai. Un *revival* est comme une élégante illumination de l'esprit ; les mains des saints l'apportent au peuple du Seigneur : c'est le salut au plus haut degré.

LE DOCTEUR A.

Mais que veut-on dire quand on parle de sentir le *revival*, d'attendre en esprit le revival, *d'éprouver l'extase du* revival ? —

MISTRESS M.

Oh ! docteur, je crains bien que vous ne soyez trop égaré pour comprendre tout cela. C'est une glorieuse assurance, un murmure de l'éternel Covenant ; c'est le bêlement de l'agneau ; c'est la caresse du berger, c'est l'essence de l'amour, c'est la plénitude de la gloire ; c'est être en Jésus et Jésus en vous ; c'est s'asseoir aux pieds de Dieu ; c'est être appelé à la première place ; c'est manger, boire et dormir dans le Seigneur ; c'est devenir un lion dans la foi ; c'est être humble et doux et baiser la main qui frappe ; c'est être grand et puissant, et inaccessible aux reproches ; c'est.....

LE DOCTEUR A.

Mille remercîments, madame ; je suis parfaitement satisfait, et je crois maintenant comprendre le revival presque aussi bien que vous.

MISTRESS A. (*femme du docteur.*)

Bonté du ciel ! où pouvez-vous avoir appris toutes ces choses là, madame ?

### MISTRESS M.

Comme vous vivez dans les ténèbres, madame ! Je les ai apprises dans le saint livre, dans la parole du Seigneur ; je les tiens du Saint-Esprit et de Jésus-Christ en personne.

### MISTRESS A.

Il me semble si drôle d'entendre parler de la parole du Seigneur ! à moi, à qui on a donné l'habitude de ne point faire plus de cas de la Bible que d'une vieille gazette !

### MISTRESS O.

Sûrement, madame ne parle ainsi que pour voir ce que mistress M... lui répondra ; il est impossible que le fait soit réel.

### MISTRESS A.

Il l'est, madame, vous pouvez y compter.

### LE DOCTEUR A. (*à mistress O.*)

Je puis vous assurer, madame, que je n'ai aucune envie que ma femme lise ce qu'on trouve dans la bible. (*Se tournant vers mistress M.*) Quelle est là-dessus l'opinion du colonel, madame ?

### MISTRESS M.

Quant à cela, docteur, je ne me suis jamais inquiétée de le savoir. Je lui dis chaque jour que je crois au Père, an Fils et au Saint-Esprit, et que son devoir est d'y croire aussi. Cela fait, ma conscience est en repos, et il peut croire ce qui lui convient. Je n'ai jamais compris qu'un mari se mêlât des croyances de sa femme.

### LE DOCTEUR A.

En quoi vous avez parfaitement raison. Ma femme peut vous dire que je lui donne congé de croire tout ce qu'elle veut ; mais c'est une bonne femme, elle n'abuse pas de la permission, car elle ne croit rien du tout.

« Ce n'est ni une fois, ni deux, ni trois, mais dans cent occasions durant ma résidence en Amérique, que j'ai vu discuter avec cette étrange légèreté des matières que mes habitudes aussi bien que ma raison m'avaient appris à réserver pour le silence du cabinet, et à ne pas mêler de la sorte aux folles causeries d'un salon. Rien ne saurait peindre la surprise que j'éprouvai, lorsque j'entendis ainsi pour la première fois une profession d'athéisme débitée d'un ton badin entre deux tasses de thé, et une homélie sur la sanctification entre la tartine de beurre et le petit gâteau. »

Bien que la tolérance soit grande en Amérique, toutes les fois qu'une secte domine dans un lieu, le fanatisme y reprend son instinct de persécution. De même, si les différentes sectes s'entendent sur une pratique, elles l'imposent. Les deux faits suivants en font foi. Nonobstant cette révoltante licence, la persécution existe en Amérique à un degré inconnu parmi nous depuis les temps de Cromwel. Je tiens l'anecdote suivante d'un gentilhomme qui en avait connu toutes les circonstances. Un tailleur de New-York s'était permis, un dimanche matin, de vendre un assortiment d'habits à un marin qui allait mettre à la voile. La corporation des tailleurs dirigea contre lui une poursuite ; il fut convaincu, et on le condamna à une amende qui le ruina complètement. M. F., avocat de la ville, avait présenté avec une grande chaleur la défense du coupable ; et quoiqu'il eût échoué, il n'en fallut pas davantage pour soulever contre lui l'animosité des presbytériens, qui détruisirent complètement sa clientèle. Ce ne fut pas tout : son neveu se préparait à cette époque pour le barreau ; peu de temps après l'événement, il présenta ses certificats de capacité et demanda à être admis ; mais il fut refusé, et on lui déclara « qu'aucun homme du nom de F… ne pouvait être admissible. » Je rencontrai plus tard ce jeune homme dans le monde ; il était plein d'esprit et de talent ; obligé de renoncer à sa profession, il s'était fait journaliste.

« On peut juger de la sévérité religieuse des mœurs de Philadelphie, dit ailleurs mistress Trollope, par le grand nombre de chaînes tendues le dimanche à travers les rues, et qui les interceptent à tout cheval et à toute voiture. Les juifs eux-mêmes ne portent pas à ce point l'observation des pratiques extérieures de leur culte. Ce que deviennent les hommes le dimanche à Philadelphie, je n'en sais rien ; mais la quantité de femmes qui remplissent les églises est vraiment prodigieuse. Quoique la secte des quakers y domine, la variété des croyances n'y est pas moindre que partout ailleurs, et l'influence des prêtres s'y montre tout aussi illimitée dans quelques cercles. »

## PARTIE III

En exposant un peu d'après la logique, et beaucoup d'après mistress Trollope, ce que devaient être et ce qu'étaient les habitudes américaines, nous avons mis sous les yeux de nos lecteurs, dans nos deux précédents articles, des fragments assez considérables de son livre. C'est sans doute à ces fragments que nous sommes redevables de l'honneur qu'on nous fait, de désirer que nous revenions encore une fois sur le spirituel ouvrage de cette dame. Aussi bien nous reprochions-nous de nous être beaucoup trop mis à la place de la voyageuse, et d'avoir mal à propos substitué nos froides déductions à ses pittoresques récits. Nous sommes charmés d'avoir un prétexte de réparer ce tort, et nous le saisissons. Nous allons, dans ce dernier extrait, céder entièrement la parole à mistress Trollope, en nous contentant de jeter un fil entre ses narrations. S'il arrive que ses peintures soient parfois ou fausses ou exagérées, nous pensons en avoir assez dit dans nos précédents articles, pour prémunir le lecteur contre ces exagérations et ces erreurs. Nous croyons à la bonne foi et au bon sens de mistress Trollope ; mais nous croyons aussi à ses préjugés et aux bornes de son esprit. Nous croyons surtout qu'un grand peuple ne peut être jugé sur la déposition d'un seul témoin, et Dieu merci, l'Amérique ne manque parmi nous ni de sympathies ardentes, ni de défenseurs éloquents. La république des Etats-Unis a succédé dans nos admirations à la république de Lacédémone, et toutes les républiques seront toujours en bonne réputation parmi nous ; ceci est dans notre génie et dans notre mission ; j'engage beaucoup les républicains à se fier à cette tendance, et à ne pas trop s'inquiéter des coups d'épingle d'une femme : cela ferait peu d'honneur à leur galanterie et à leur prévoyance.

Là où le peuple est souverain, toute autorité doit émaner de la sienne, et par conséquent chaque fraction du pouvoir, depuis la plus petite jusqu'à la plus grande, être déléguée par lui. De là l'élection tous les jours et partout, tantôt pour une chose, tantôt pour une autre ; et comme en vertu du principe de souveraineté, tous les citoyens participent au droit d'élire, on peut dire que l'Amérique n'est qu'une vaste salle électorale, et la vie de chaque Américain, une élection perpétuelle. Rien au monde ne peut être plus ennuyeux pour un ami de la paix, que cet éternel mouvement ; mistress Trollope en est malheureuse, et cependant ne peut y échapper.

« Même dans le village retiré où nous passâmes la belle saison, dit- elle, nous ne fûmes pas à l'abri de la fièvre électorale qui parcourt et tourmente sans relâche toutes les parties du pays. Quand l'Amérique réunirait tous les agréments que la nature et la société peuvent offrir, cette mononamie d'élection suffirait pour me la rendre insupportable- elle envahit toutes les conversations, elle aigrit tous les caractères, en substituant partout les jugements de l'esprit de parti à ceux du bon sens ; en un mot, elle infecte et corrompt toutes les relations sociales. »

En effet, toute élection est accompagnée d'un certain nombre de circonstances qui en sont inséparables, et auxquelles il faut savoir se résigner en considération de la chose elle-même. Toute la sagesse des lois et toute la vertu des hommes ne feront jamais qu'une élection de ville ou de village, de député ou de garde-champêtres, puisse être dégagée de ces circonstances qui sont comme la loi du phénomène. Ecoutons mistress Trollope, et notons en passant la mobilité essentielle au régime démocratique.

« Lorsqu'un candidat se présente pour une fonction quelconque, son parti le revêt de toutes les vertus et de tous les talents. Il est prêt à arracher les yeux aux hommes du parti opposé, et souvent on en vient là dans les états du sud, où le soleil donne plus d'énergie aux passions. Mais à peine cet homme si prôné est-il élu, que toutes ses vertus, tous ses talents s'évanouissent, et sauf le petit nombre des électeurs qu'il place dans ses bureaux, tous les autres se mettent aussitôt en mouvement pour l'élection de son successeur. Lorsque j'arrivai en Amérique, M. Adams était président, et il était impossible de révoquer en doute, même à s'en tenir à l'opinion de ses ennemis, qu'il ne fût très-propre à honorer ces hautes fonctions : le seul reproche que j'aie depuis entendu faire contre lui, c'est *qu'il était beaucoup trop gentilhomme*. Toutefois, un nouveau candidat devait être mis en lumière, et M. Adams fut écarté, sans autre raison à moi connue que celle-ci qui n'en est pas une, à savoir qu'il était mieux de changer. Le cri « *Jackson forever* » *fut donc poussé à outrance par la majorité des électeurs, ivres* ou non ivres, jusqu'à ce qu'il fût élu ; mais à peine le fut-il, qu'en vertu du principe qui l'avait porté au pouvoir, le vœu de l'opinion tourna, et l'on n'entendit plus qu'un cri : *Clay for ever ! Clay for ever !* »

Le respect des magistrats élus pour le peuple électeur, et l'irrévérence du peuple électeur pour des magistrats éphémères qui n'ont d'autorité que par lui, sont une autre conséquence du principe électif. Nous avons vu comment le laitier de mistress Trollope parlait des représentants au congrès, et comment le président de la république était traité par les mariniers du bateau à vapeur. Voici de quelle façon respectueuse un percepteur, en Amérique, invite les contribuables à payer l'impôt ; cette sommation sous forme d'homélie est curieuse.

### AVIS AUX CONTRIBUABLES.

« Les personnes qui ne m'ont point encore payé les taxes sont instamment priées de le faire d'ici au 1er décembre prochain. Je les y ai déjà invitées bien des fois par avertissement et autrement, mais avec peu de succès. Aujourd'hui le moment est venu où ma situation exige que je sois immédiatement payé de ce qui m'est dû. Je prie les contribuables de considérer qu'il m'est impossible de verser le montant des taxes, et de rembourser les sommes qu'il m'a fallu emprunter, si je ne les recouvre pas de ceux qui les doivent. Je ne saurais imaginer la raison pour laquelle ceux sur qui les taxes sont imposées, négligent de les acquitter. A en juger par la négligence d'un grand nombre, on croirait qu'ils pensent que c'est pour moi que je les perçois, ou que j'ai assez de fortune pour les payer à moi seul, où que je puis attendre jusqu'à ce qu'il leur soit commode de le faire eux-mêmes. Ce n'est pas pour moi que je perçois les taxes, et je ne suis pas assez riche pour les acquitter à moi seul ; je ne suis chargé que de les recueillir. Il m'en coûterait beaucoup d'être obligé, pour les recouvrer, de recourir à l'autorité que me donne la loi. Il me semble que ce devrait être le premier souci d'un bon citoyen de payer ses impôts, car c'est par là que le gouvernement

Théodore Jouffroy

est soutenu. A quoi servirait que les taxes fussent assises, si elles n'étaient pas perçues ? Comptez donc que je procéderai selon la loi pour y parvenir, et gouvernez-vous en conséquence.

John Spencer, collector.


*P. S.* MM. St-Clair et Dunn partent pour Indianapolis, le 27 du courant : je prie tous ceux qui pourront me payer d'ici là de le faire, afin que je puisse m'acquitter autant que possible, et m'éviter, en partie du moins, l'amende de 21 pour cent dont je serai frappé après le 8 décembre prochain. »


A en croire mistress Trollope, les lois en Amérique ne seraient guère plus respectées que les magistrats ; il est vrai que ces deux choses se tiennent d'assez près. Entr'autres passages, nous citerons le suivant.


« Quant à leur incomparable liberté, je ne la comprends pas davantage. Leurs *common laws* sont copiées des nôtres, et la seule différence, c'est qu'en Angleterre elles sont respectées, tandis qu'en Amérique elles ne le sont pas.

« Je ne dirai rien de la police des villes de la côte ; je la crois bien faite : celle de New-York du moins à cette réputation ; mais hors du rayon des villes, le mépris de la loi est si grand, qu'en le signalant je n'ai pas l'espérance d'être crue. L'injure, l'outrage, le vol, le meurtre même, sont journellement commis sans le plus léger essai de répression légale.

« Pendant l'été que nous passâmes au Maryland, nos promenades se trouvaient souvent circonscrites dans un étroit rayon, par l'avis de nos amis qui connaissaient le pays. Quand nous en demandâmes la raison, on nous répondit : « Il y a une auberge sur la route, et il ne serait pas prudent de pousser jusque-là. »

« Le canal de la Chesapeak à l'Ohio passait à quelques milles de l'habitation de mistress S.... Il arriva deux fois, durant le séjour que nous y fîmes, que des cadavres furent trouvés dans le voisinage ; on parlait de ces événements comme de choses très-ordinaires. Un jour que je demandais des détails: « Oh ! probablement il a été assassiné, me dit-on ; ou peut-être est-il mort de la fièvre du canal ; on dit au reste que le cadavre porte des marques de strangulation. » Aucune enquête ne fut ordonnée, et la sensation ne fut pas plus grande que si le cadavre trouvé eût été celui d'un mouton. »

Cette négligence dans la répression des délits et des crimes vient de plusieurs causes ; mistress Trollope signale d'abord la facilité avec laquelle les coupables échappent aux poursuites de la loi.

« L'abondance des subsistances et la rareté des exécutions sont deux textes favoris sur lesquels la vanité des Américains se plaît à s'appuyer pour prouver la supériorité de leur pays sur l'Angleterre. Que ce soient là deux très-bonnes choses, j'en conviens, mais je ne saurais admettre la conséquence. Il est aisé de faire rendre à un territoire vaste et fertile, de quoi nourrir abondamment une faible population ; et dans un pays où les mauvais sujets savent qu'après avoir fait un mauvais coup il suffira qu'ils se transportent à quelques milles, pour trouver, ailleurs comme chez eux, du bœuf et du wiskey en abondance, sans le moindre danger d'y être suivi par la loi, il n'est pas extraordinaire du tout que les exécutions soient rares. »

Mais cette négligence tient beaucoup aussi au respect qu'inspire l'individu dans un pays où l'individu joue un si grand rôle.

« Pendant mon séjour à Cincinnati, dit mistress Trollope, un meurtrier fut pris, mis en jugement et condamné à mort. L'instruction prouva que, quelques années auparavant, il avait assassiné sa femme et son enfant à la Nouvelle-Orléans ; mais ce crime n'avait point attiré l'attention de la justice. Le nouvel attentat qui l'avait mis entre ses mains était le meurtre d'une seconde femme, et le principal témoin était son propre fils. « Jamais homme blanc n'avait encore été exécuté à Cincinnati ; et le jour de l'exécution arrive, la sensation produite dans le pays par un événement aussi étrange avait fait accourir dans la ville de soixante milles à la ronde. « Toutefois quelques personnes avaient conçu des doutes sur le droit de la société de donner la mort à un homme, et avaient adressé une pétition au gouverneur de l'état d'Ohio pour une commutation de peine. Le gouverneur résista quelque temps, ne voulant pas empêcher l'exécution de la sentence du tribunal qui avait jugé ; mais à la fin, effrayé de la situation tout-à-fait nouvelle dans laquelle il se trouvait, il céda à l'importunité du parti presbytérien, qui n'avait cessé de le tourmenter, et expédia un ordre au shérif. Cet ordre toutefois ne prescrivait pas la commutation de la peine ; le shérif devait demander au condamné si cette commutation lui convenait ; et, dans le cas seulement d'une réponse affirmative, il devait, au lieu de le pendre, l'envoyer dans la prison pénitentiaire. Le shérif se rendit donc auprès du criminel, et lui fit la proposition. Celui-ci lui répondit : « Si quelque chose pouvait me déterminer à accepter votre offre, ce serait l'espérance de vivre assez pour tuer mon chien de fils ; cependant je n'en veux point, et vous aurez, monsieur le shérif, la bonté de me pendre. »

« Le digne shérif sur qui retombait la mauvaise commission d'exécuter le condamné, n'épargna rien pour l'engager à signer l'acte de commutation qu'il lui présentait : mais tous ses efforts furent inutiles ; il en fut pour ses frais d'éloquence.

« Le jour de l'exécution arriva donc. Le lieu où elle devait se faire était le penchant d'une colline, la seule qui fût défrichée dans le voisinage de la ville, et longtemps avant l'heure fixée, nous la vîmes entièrement couverte par une immense multitude d'hommes, de femmes et d'enfants. A la fin, l'heure arriva ; on vit la fatale charrette s'avancer et gravir lentement la colline ; un silence solennel succéda au bruissement. de la multitude ; le criminel monta sur l'échafaud, et le shérif le pria de nouveau de signer l'acceptation de la commutation ; mais il repoussa le papier avec mépris, et cria d'une voix forte : « Qu'on me pende ! »

« Midi était l'heure fixée pour couper la corde. Le shérif était debout, sa montre dans une main et un couteau dans l'autre. L'heure sonna, et la main était levée, lorsque le patient s'écria brusquement : « Je signe. » Il fut mené en prison au milieu des cris, des risées et des plaisanteries de la foule. » Le passage suivant prouve que c'est encore moins la vie de l'homme que celle de l'Américain, qui excite le respect du magistrat.

« Pendant que j'étais à Philadelphie, l'attention publique fut vivement excitée par la situation de deux criminels condamnés à mort pour avoir arrêté et volé la malle-poste de Baltimore. Comme la peine capitale est rare en Amérique, la prochaine exécution de ces deux personnages était le sujet de toutes les conversations. Un gentleman qui mangeait à notre table d'hôte nous apprit un fait qui augmenta cet intérêt. Un des deux condamnés avait déclaré à l'ecclésiastique qui allait le visiter en prison, qu'il était certain de sa grâce, et rien de ce qu'avait pu lui dire ce dernier pour le désabuser de ce qu'il considérait comme une illusion, n'avait ébranlé sa conviction. Pendant plusieurs jours, la conversation roula sur ce fait dont l'exactitude ne tarda pas à se confirmer, et bientôt on commença à conjecturer que l'espérance du criminel pouvait bien n'être pas sans quelque fondement. Ces discussions m'apprirent que l'un des condamnés était Américain et l'autre Irlandais, et que c'était le premier qui avait une conviction si forte qu'on ne le pendrait pas. Quelques-uns de nos habitués soutenaient la thèse que, si l'un était pendu et que l'autre ne le fût pas, l'exécution du premier serait un meurtre et nullement une exécution légale. Un point admis comme constant dans ces discussions, c'est que presque tous les hommes de couleur blanche exécutés depuis la déclaration d'indépendance des États-Unis avaient été des Irlandais. Je n'avais aucun moyen de vérifier l'exactitude de ce fait ; tout ce que je puis dire, c'est qu'il n'était point contesté. J'ajoute que dans le cas particulier dont il s'agit, l'Irlandais fut pendu et l'Américain gracié.»

Du reste, la détention solitaire qui est ordinairement substituée à la peine de mort, est aux yeux de mistress Trollope un châtiment plus terrible encore.

«Nous visitâmes à Washington la maison pénitentiaire qui venait d'être terminée: elle est destinée à recevoir les criminels condamnés pour la vie à la détention solitaire. Le spectacle d'une prison ordinaire produit une impression agréable, quand on la compare à celle qu'on éprouve en visitant ces effrayantes cellules. Il n'y a point de miséricorde à substituer une telle peine à celle de la mort, et pour trouver un motif légitime de préférence, il faut l'aller chercher dans la plus grande terreur que la détention solitaire produit sans doute sur les citoyens. Sur cent créatures humaines qui auraient

Théodore Jouffroy

subi pendant une année seulement cette terrible peine, il n'en est pas une qui ne préférât une mort immédiate à la certitude de la subir pour la vie. J'avais écrit une description de ces horribles cellules, mais celle qu'en a donnée le capitaine Hall est si exacte et si claire, qu'il serait superflu que je l'insérasse ici.»

La susceptibilité d'indépendance qu'engendre la démocratie est bien représentée dans le passage suivant :

« Tous les débats du congrès auxquels j'ai assisté roulaient sur un seul point, l'entière indépendance de chaque état par rapport au gouvernement fédéral. Cette jalousie d'indépendance me paraît une des passions les plus étranges qui se soit jamais emparée de l'esprit humain. Je n'ai point la prétention de trancher la question politique à laquelle elle se rattache ; je ne parle que de la singulière impression que produit le spectacle d'une assemblée dans laquelle chaque membre, l'un après l'autre, se lève impétueusement, pour déclarer que la plus grande injure, la plus criante injustice, la plus odieuse tyrannie qu'on puisse commettre ou exercer à l'égard de l'état qu'il représente, c'est de voter quelques millions de dollars pour y faire des routes, pour y dessécher des marais, pour y introduire une amélioration quelconque.

« Pendant mon séjour à Washington, on s'entretenait beaucoup de la non-réélection d'un membre du congrès qui, sous tous les rapports, était un des hommes les plus estimés de la chambre. Le crime qui avait fait perdre à ce gentilhomme les voix de ses meilleurs amis et de ses plus chauds admirateurs était d'avoir voté une somme sur le trésor public pour le dessèchement d'un marais qui répandait la fièvre et la mort dans un district de l'état qu'il représentait. «

Une extrême défiance des fonctionnaires qu'ils emploient, est un autre caractère des gouvernements républicains qu'on retrouve en Amérique.

« La pureté du caractère américain, conséquence évidente de la pureté du gouvernement américain, est matériellement démontrée à la secrétairerie d'état, par la collection de toutes les bagues, tabatières, et autres présents offerts aux envoyés américains par les différents souverains de l'Europe, depuis la déclaration d'indépendance jusqu'à nos jours. Le but de la loi qui impose aux diplomates américains le devoir de déposer ainsi à la secrétairerie d'état les présents qu'ils peuvent recevoir, nous fut expliqué. La république a voulu les sauver de la tentation de se laisser corrompre, et se préserver elle-même des conséquences de cette corruption. Il me semble qu'il serait plus simple de ne confier de pareilles fonctions qu'à des hommes naturellement supérieurs à l'attraction que peut exercer une tabatière ou une bague. Mais ce sont là les affaires de la république, et sans aucun doute, elle les entend mieux que moi. »

Mistress Trollope s'attache beaucoup à mettre en lumière les principaux traits du caractère national des Américains. Elle place au premier rang la vanité, probablement parce que c'est le défaut dont elle a le plus souffert, et comme Anglaise et comme femme. Parmi les exemples qu'elle en donne, nous ne citerons que les plus piquants.

« Il existe au fond du cœur de tout véritable Américain une insurmontable aversion pour tout ce qui est Anglais ; ce sentiment perce à tout propos ; il se glisse même dans les relations les plus amicales, mais le plus souvent c'est sous une forme plus comique qu'offensante.

« Un jour on me disait : « Je ne comprends pas comment vos ministres ne se pendent pas après l'issue de la guerre qu'ils nous ont faite. Cette guerre a dû ruiner l'Angleterre, car elle a été sur le point de nous ruiner nous-mêmes.

« Un autre jour on me disait : « Je commence à comprendre un peu mieux votre mauvais anglais ; mais je ne l'entendais pas du tout lorsque vous êtes arrivée ; et c'était tout simple, car tout le monde sait que la prononciation de Londres est la pire qu'il y ait au monde. C'est une chose étrange que toutes les personnes qui habitent Londres placent l'*h* où il n'est pas et ne le placent pas où il est. »

« Je fus assez perfide pour demander à la dame qui me disait cela, si elle trouvait que je prononçasse ainsi.

« — Non, me dit-elle, avec un sourire complaisant, vous ne le faites pas ; mais il est aisé de voir la peine que vous prenez à cet égard. Vous avez vu combien cette faute nous choquait, et vous vous êtes efforcée d'apprendre notre prononciation. »

« Un soir une de mes amies m'effraya presque, en me disant d'un ton moitié affectueux moitié compatissant : « Comment pouvez-vous vous résoudre à retourner en Angleterre, et à reconduire vos enfants dans un pays où vous savez assez qu'on ne fait pas plus de cas de vous et d'eux que de la poussière des rues ? »

« Je la suppliai de vouloir bien s'expliquer.

« — Vous savez, me dit-elle, que je ne voudrais pour rien au monde vous faire de la peine ; mais le fait est que nous autres Américains, nous en savons plus que vous ne pensez ; et certainement si j'étais en Angleterre, je ne voudrais voir que des lords ; j'ai toujours fait partie en Amérique de la plus haute société, et si je voyageais, je voudrais qu'il en fût de même ailleurs. Ce n'est pas à dire que je ne vous allasse pas voir si j'étais à Londres, mais enfin voire mari n'est pas un lord, et je sais fort bien comment vous êtes traitée dans votre pays. »

« Il m'arrivait rarement de contredire de pareilles idées ; je trouvais plus commode et infiniment plus amusant de les laisser passer. Du reste j'y aurais perdu mon temps ; je ne me souviens pas d'avoir jamais rencontré un Américain qui ne pensât de bonne foi en savoir plus long que moi sur mon propre pays.

« Sur le sujet de la gloire nationale, je crois avoir subi plus que ma part d'allusions ; étant femme, je n'étais pas reçue à opposer des objections à leurs fanfaronnades. Une dame, ardente patriote, fit preuve un jour d'une grande délicatesse à mon égard ; car comme quelqu'un parlait de la Nouvelle-Orléans, elle l'interrompit en disant : « Je désire que vous ne partiez pas de la Nouvelle-Orléans ; » puis se tournant vers moi, elle ajouta avec une grande amabilité : « Il doit être si pénible pour vous d'entendre prononcer le nom de cette ville ! »

« Mais le sujet favori, le sujet constant, le sujet universel des railleries américaines, c'est notre stupide attachement pour les choses anciennes. S'ils avaient reçu du ciel une étincelle de ce qu'on appelle esprit, je suis persuadée qu'ils nous donneraient le surnom de ma grand'mère l'Angleterre, car le ton que prennent les jeunes gens en parlant d'une vieille femme tombée en enfance, est précisément celui que prennent les Américains en parlant de nous ; et c'est ainsi qu'ils se consolent de la nouveauté désolante de tout ce qui les entoure.

« — Je m'étonne toujours que vous ne soyez pas malades de rois, de chanceliers, d'archevêques, et de tout votre bagage de longues perruques et de vieilles broderies, » me disait un matin gentilhomme, avec un bâillement affecté ; « je proteste que les noms seuls de toutes ces choses suffisent pour m'endormir. »

« Il est amusant de voir combien leur semble flatteuse l'idée qu'ils sont plus modernes et plus avancés que l'Angleterre ; notre littérature classique, nos anciennes familles, nos nobles institutions, tout cela n'est à leurs yeux qu'un débris des siècles de ténèbres.

« J'eus un soir une longue conversation littéraire avec un gentilhomme de Cincinnati, qui passait pour un des hommes les plus éclairés et les plus savants de la ville. Ce qu'il y a de sûr du moins, c'est qu'il avait le sentiment de sa supériorité, et ne doutait en aucune manière de ses droits à être écouté sur tout ce qui louchait à la littérature et aux arts. Je ne saurais décrire l'air avec lequel il voulut bien condescendre à causer avec moi de quelques-uns de nos poètes: comme c'était la première fois que je rencontrais un Américain qui parlait littérature, je lui accordai toute mon attention. »

Nous ne citerons que quelques traits de cette conversation.

« Il n'avait, dit mistress Trollope, qu'une connaissance très-imparfaite de nos auteurs ; mais ses critiques étaient fort amusantes. ; ; lui parlai de Pope. «Il est si entièrement passé, me répondit-il, qu'il y a de la pédanterie chez nous à le nommer. »

«Au nom de Dryden, il sourit ; et ce sourire disait aussi clairement qu'un sourire peut dire quelque chose : « La bonne vieille femme ! elle radote ! « Cependant il eut la politesse de me répondre : « Nous ne connaissons Dryden que par des citations, madame, et encore ces citations ne se rencontrent-elles que dans des livres qu'on ne lit plus depuis longtemps. »

— Et Shakespeare, monsieur ?

— Shakespeare, madame, est un auteur obscène ; et, grâce à Dieu, nous sommes assez avancés pour l'estimer à sa juste valeur. Si nous tolérons encore les représentations théâtrales, au moins voulons-

Théodore Jouffroy

nous que le drame porte l'empreinte de la civilisation avancée de notre époque et de notre pays. »

« Un jour, dit ailleurs mistress Trollope, je me trouvais au milieu d'une société de dames parmi lesquelles étaient une ou deux jeunes filles ; leur curiosité l'emportant sur leur patriotisme, elles me faisaient une foule de questions sur l'étendue et les merveilles de Londres ; je m'efforçais de les satisfaire, en leur donnant d'aussi exactes descriptions que je pouvais, lorsque nous fûmes brusquement interrompus par une respectable dame qui s'écria ; « Taisez-vous, petites filles, et laissez là Londres. Si vous voulez savoir ce que c'est qu'une belle ville, allez à Philadelphie ; quand mistress Trollope y aura été, elle avouera elle-même qu'elle mérite mieux qu'on en parle, que cet informe amas de maisons sales et de rues poudreuses qu'on appelle Londres. »

« A deux reprises différentes, on déploya devant moi un atlas, afin de me convaincre, par mes propres yeux, combien mon pays était peu de chose. Jamais je n'oublierai la gravité avec laquelle la dernière fois, un digne gentilhomme tira de sa poche son porte-crayon gradué, et me démontra, par une opération d'arpentage, que toutes les possessions de l'empire britannique n'égalaient pas les États-Unis en étendue. J'oublierai encore moins l'air de supériorité satisfaite avec lequel, la démonstration finie, il plaça son pied sur le marbre de la cheminée, et se mit à siffler le *Yankee doodle*. »

On comprend aisément que cette exclusive préoccupation d'eux-mêmes, et ce mépris pour tout ce qui est étranger, fassent des Américains un peuple peu aimable. Ainsi l'a trouvé notre voyageuse, qui s'en plaint en mille endroits.

« Le défaut d'intérêt, de sensibilité, de chaleur d'âme pour tout ce qui ne touche pas immédiatement à leur intérêt particulier, est universel parmi les Américains, et paralyse toute espèce de conversation. Tout l'enthousiasme de l'Amérique est concentré sur un seul point, son émancipation et son indépendance ; à cet égard, rien ne peut surpasser la vivacité de ses sentiments. L'Amérique ressemble à une jeune mariée, qui n'a d'yeux, d'oreilles et de cœur que pour son mari, et pour qui le reste est indifférent. La lune de miel n'est pas encore écoulée ; quand elle le sera, l'Amérique apprendra peut-être la coquetterie, et saura mieux se rendre aimable aux autres nations. »

Après la vanité, l'amour de l'argent est, aux yeux de mistress Trollope, le trait le plus saillant du caractère américain : elle développe fort au long, et les causes qui rendent aux Etats-Unis cette passion si universelle et si ardente, et toutes les conséquences bonnes et mauvaises qu'elle engendre. Nous allons extraire quelques passages de son livre sur ce sujet important.

« Je ne partage pas, dit quelque part mistress Trollope, l'opinion de ceux qui regardent Cincinnati comme une des merveilles du monde ; mais quand on songe que le sol où elle s'élève était encore une forêt vierge il y a trente ans, on ne peut s'empêcher d'admirer son étendue et son importance. Cette ville croît, pour ainsi dire, à vue d'œil, et chaque mois ajoute à sa grandeur et à ses richesses.

« En cherchant la cause de cette rapide transformation d'un repaire de bêtes sauvages en une cité populeuse, les économistes indigènes n'hésitent pas à en faire honneur aux institutions républicaines. Mais, sans être profonde en ces matières, j'en trouve une explication plus naturelle dans le double fait de la nécessité du travail, et de l'impossibilité de la paresse en un tel pays. Pendant un séjour de près de deux ans que j'ai fait à Cincinnati, je puis dire que je n'y ai jamais vu ni un mendiant, ni un homme assez aisé pour se livrer au repos. Toutes les abeilles de cette grande ruche sont incessamment en quête de ce miel d'Hybla qu'on appelle argent, et nulle distraction de science ou de plaisir ne vient les détourner un moment de cette ardente poursuite. Qu'on ajoute à cette concentration de toutes les facultés vers un seul but, l'esprit d'entreprise et la sagacité qui distinguent les Américains ; qu'on y ajoute surtout une absence de probité qui le dispute atout ce qu'on raconte des rusés habitants du Yorkshire, et l'on comprendra sans peine les effets qui en résultent.

« Rien ne saurait, dit-elle ailleurs, surpasser l'activité et la persévérance des Américains dans toute espèce de métier, de spéculation et d'entreprise qui peuvent donner un bénéfice pécuniaire. J'ai entendu dire à un Anglais qui avait longtemps résidé aux Etats-Unis, que jamais il n'avait surpris deux Américains causant ensemble dans la rue, sur la grande route ou au milieu des champs, au théâtre, eu café, ou dans l'intérieur d'une maison, sans que le mot de *dollar* ne fût venu frapper son oreille. Une telle unité de but, une telle sympathie de sentiments ne saurait, je crois, se rencontrer ailleurs, si ce n'est peut-être dans le nid d'une fourmi. L'effet est conséquent à la cause. L'éternelle contemplation de ce but sordide doit rétrécir l'esprit, et ce qui est pire encore, endurcir la conscience. Je ne sais rien qui prouve mieux la dégradation morale engendrée par cette avidité universelle et continue, que la manière dont les Américains parlent de leurs compatriotes des états du nord. Tous conviennent que ces états présentent un développement admirable d'industrie et de prospérité, et ils ne cessent de les citer quand ils veulent faire l'éloge de leur incomparable pays. Et, toutefois, je n'ai jamais rencontré un seul Américain, à quelque partie de l'Union qu'il appartînt, qui ne représentât les habitants de ces mêmes états comme les plus rusés, les plus artificieux, les plus cupides et les plus fourbes des hommes. Les Yankees, c'est le nom spécial qu'on leur donne, s'attribuent à eux-mêmes ces excellentes qualités, et se vantent, avec un sourire de complaisance, qu'aucun peuple de la terre ne peut lutter avec eux dans l'art défricher eu affaires. Je les ai entendus raconter sans rougir des traits d'habileté de leurs amis et connaissances, qui suffiraient parmi nous pour bannir à jamais leurs héros de la société des honnêtes gens ; et tout cela était dit avec une simplicité qui laissait douter si le narrateur lui-même savait ce que signifiaient les mots d'honnêteté et d'honneur. Cependant les Américains se proclament hautement le peuple le plus moral de la terre ; en conversation, dans les journaux, à l'église, j'ai entendu partout répéter cette assertion. J'ai passé quatre ans à en chercher avec conscience et bonne foi les fondements, et mon opinion bien arrêtée est que la moyenne de la moralité américaine est de beaucoup inférieure à celle des peuples de l'Europe. Nous citerons encore le passage suivant :

« Si je voulais consigner ici la dixième partie des actions peu délicates, que des Américains m'ont racontées de leurs concitoyens et de leurs amis, je suis persuadée que mes lecteurs suspecteraient ma véracité ; je ferai donc mieux de m'en abstenir. Mais je ne puis m'empêcher d'exprimer une opinion dont quatre années d'observations attentives m'ont convaincue, c'est que le sens moral est moins développé dans la nation américaine que chez les peuples de l'Europe. Faites qu'un Américain soit parfaitement persuadé que son voisin est un malhonnête homme ; j'ose affirmer qu'il rompra avec lui, si toutefois il ne peut espérer aucun avantage de son amitié ; mais quant à la question de savoir ce qui constitue un malhonnête homme, il n'est presque pas un article du Décalogue sur lequel vous ne trouviez son opinion infiniment plus indulgente que la nôtre ; en un mot, sa conscience est plus obtuse, moins délicate et moins susceptible en tout ce qui concerne le juste et l'honnête.

« Cervantes a tourné en ridicule l'exagération des sentiments chevaleresques ; mais il en a respecté l'esprit. Ce qu'il y avait de noble et de bon dans ces sentiments vit encore dans le sang européen, sous la puissante protection des habitudes, infiniment plus sûre que celle du bouclier et de l'épée. Peut-être n'est-il pas donné aux nations qui n'ont point passé par l'époque chevaleresque, d'avoir jamais cette délicatesse de moralité qu'elle nous a laissée. Assurément je ne regrette point la chevalerie errante, et je ne changerais pas la sauve-garde des lois contre celle du plus loyal champion qui ait jamais manié la lance ; mais je crois fermement que la susceptibilité d'honneur introduite par la chevalerie et qu'elle nous a léguée, est le meilleur antidode à l'influence abrutissante des triviales occupations de la vie commune ; et que l'absence absolue de cette susceptibilité morale dans la race américaine est précisément ce qui la rend si indifférente pour cette vertu vulgaire qu'on appelle probité. »

L'histoire suivante d'un petit garçon qui, à dix ans, est déjà possédé de cet esprit de spéculation et d'épargne éminemment américain, nous paraît plus propre que toutes les réflexions du monde à peindre ce côté remarquable du génie et du caractère des habitants de l'Union.

« Il y avait dans le village une maison que sa pauvreté faisait remarquer ; elle avait un si grand air de misère, que cela m'empêcha pendant longtemps d'y entrer. Un jour cependant informée que j'y trouverais des poulets et des œufs dont j'avais besoin, je me décidai à le faire. Je frappai, et, quand la porte s'ouvrit, je fus sur le point de renoncer à mon entreprise. Jamais pareil repaire de misère et de saleté n'avait frappé mes yeux. Une femme, vivante image de la malpropreté et de la fièvre, tenait sur son bras gauche un sale enfant, tandis que de la droite elle pétrissait de la pâte dans une huche. Une grande fille maigre, de douze ans, était assise sur un tonneau, rongeant une croûte de pain. Quand j'eus dit l'affaire qui m'amenait, la femme me répondit : « Je n'ai ni poulets ni œufs à vendre ; mais mon garçon en a, et en abondance. Holà ! Nick ! s'écria-t-elle en se tournant vers le haut d'une échelle qui se perdait dans une ouverture du plafond, descends ; voici une vieille femme qui a besoin de poulets. »

« Au même instant, Nick parut au haut de l'échelle ; je reconnus en lui un des principaux personnages d'une troupe de polissons que j'avais remarqués dans mes promenades, jouant aux billes dans la poussière, et jurant à qui mieux mieux ; il avait l'air d'avoir une dizaine d'années.

— Avez-vous des poulets à vendre, mon garçon ? lui dis-je.

— Oui, et des œufs aussi, et plus que vous n'en achèterez.

» M'étant informé du prix, je me rappelai que c'était précisément celui que je payais au marché ; mais au marché on me livrait les poulets tout plumés et tout prêts à être mis en broche. Je fis part de cette observation à mon jeune commerçant.

— Oh ! si ce n'est que cela, me dit-il, je puis vous retrousser vos poulets tout aussi bien qu'on le fait au marché.

—Vous, Nick ?

— Oui certainement, et pourquoi pas ?

— J'imaginais que vous aimiez trop les billes pour être capable de pareille chose.

« Il me lança un regard moqueur : — Vous ne me connaissez guère, dit-il ; quand avez-vous besoin de vos poulets ?

» Je le lui dis, et à l'heure indiquée il me les apporta fort bien préparés. Depuis, je fis souvent affaire avec lui. Lorsque je le payais, il plongeait toujours sa main dans le gousset de son pantalon. Comme c'était là sa caisse, je présume que la citadelle était mieux fortifiée que les ouvrages extérieurs de la place, lesquels tombaient en ruines. Il avait coutume d'en tirer plus de dollars, de demi-dollars et de menue monnaie que sa sale petite main ne pouvait en tenir. Cela excita ma curiosité ; et quoique j'éprouvasse un dégoût involontaire pour ce petit juif, il m'arrivait presque toujours de causer avec lui.

— En vérité, Nick, vous êtes bien riche, lui dis-je un jour qu'il étalait avec son ostentation ordinaire son petit trésor. — Il se mit à sourire avec une expression qui n'était nullement enfantine, et il me répondit : « Ce serait une mauvaise affaire pour moi, si je n'avais d'argent que ce que j'en montre. »

«Je lui demandai comment il menait son coramerce.il me dit qu'il achetait des œufs au cent et des poulets à la douzaine, des charrettes qui allaient au marché et qui passaient devant leur porte ; qu'il engraissait les poulets dans une cage qu'il avait construite lui-même, et qu'après il en tirait le double, et que pour les œufs ils lui donnaient aussi un bon bénéfice, vendus à la douzaine.

— Et donnez-vous l'argent à votre mère ?

— Ah ! bien oui, me répondit-il, en me lançant un autre regard sournois de ses vilains petits yeux bleus.

— Eh ! qu'en faites-vous donc, Nick ? — Son visage me répondit très- franchement: Qu'est-ce que cela vous fait ? mais sa bouche fut plus discrète, et il me dit d'une manière assez gracieuse : « Je le soigne, madame. »

« De quelle manière Nick avait-il gagné son premier dollar ? c'est ce qu'on ne savait pas. J'appris que lorsqu'il entrait dans la boutique du village, la personne qui était au comptoir regrettait toujours de n'avoir pas deux paires d'yeux ; mais une fois ce dollar gagné, l'intelligence, l'activité, l'industrie avec laquelle il réussit à le faire croître et multiplier, aurait été charmante de la part d'un de ces petits héros irlandais de miss Edgeworth qui aurait porté le profit à sa mère, mais était détestable dans la personne de Nick. Aucun sentiment humain ne semblait échauffer son jeune cœur, pas même l'amour de sa propre personne ; car il n'était pas seulement sale et déguenillé, mais il avait l'air à demi mort de faim, et je suis sûre que la moitié de ses dîners et de ses soupers servaient à engraisser ses poulets.

« Je ne donne pas cette histoire de Nick, le marchand de poulets, comme une anecdote dont tous les traits soient américains ; la seule partie de cette histoire qui soit caractéristique de l'Amérique, c'est l'indépendance de cet enfant de dix ans. C'est un exemple, entre mille, du caractère avide, sec et calculateur que cette indépendance engendre. Selon toutes les probabilités, Nick deviendra très-riche,

Théodore Jouffroy

et rien n'empêche qu'il ne soit un jour président de l'Union. Je fus un jour si chaudement relevée pour avoir demandé si tous les citoyens américains étaient également éligibles à cette place, que je ne me hasarderai de ma vie à le révoquer en doute. »

L'auteur met sur le compte de cette avidité américaine la mesure qui a expulsé les tribus indiennes des territoires qui leur avaient été concédés dans quelques états de l'Union. Voici comment elle s'explique sur cette mesure, qui a donné lieu à de si vives discussions entre les ennemis de l'Amérique et ses défenseurs.

« J'étais à Washington à l'époque où la mesure d'expulser des terrains qui leur avaient été concédés, les derniers restes des tribus indiennes, fut adoptée par le congrès et sanctionnée par le président. Si l'on devait juger du caractère américain par la conduite de la nation en cette affaire, certes on aurait peine à compter les sentiments d'honneur et de justice au nombre de ses éléments. C'est au milieu des Américains et par des bouches américaines que j'ai entendu représenter leurs procédés à l'égard des infortunés Indiens, comme le comble de la perfidie et de la déloyauté. Quelque choquée que j'aie été des mœurs et des habitudes des Américains, j'ose dire que, si durant mon séjour parmi eux, j'eusse observé dans leur caractère national quelques traits qui justifiassent l'éloge qu'ils ne cessent de faire de leur amour pour la liberté et la justice, les jugements de mon goût n'eussent fait aucun tort à ceux de ma raison, et je leur aurais accordé mon estime en leur refusant ma sympathie. Mais il est impossible, pour quiconque porte un cœur d'homme, de n'être pas révolté de la contradiction de leurs principes et de leur conduite. Ils déclament sans cesse contre les gouvernements européens, dont la tendance, à les en croire, est de favoriser le fort et d'opprimer le faible ; allez au congrès, pénétrez dans les tavernes, assistez aux sermons de l'église et aux représentations du théâtre, vous entendrez cette prétendue tendance de nos gouvernements, signalée, accusée, tournée en ridicule et anathématisée sous toutes les formes possibles. Et cependant considérez ce que fait ce peuple qui parle si bien ; vous le verrez d'une main élever le bonnet de la liberté, et de l'autre fouetter ses esclaves ; vous le verrez le matin prêcher à la tribune les imprescriptibles droits de l'homme, et le soir, chasser de leurs foyers les enfants du sol qu'il s'était engagé à protéger par les traités les plus solennels.

« Pour rendre justice à ceux des Américains qui n'approuvent pas cette honteuse politique, je transcrirai ici un passage d'un journal de New-York qui prouvera qu'il se trouve des hommes aux Etats-Unis qui ont en horreur les impudentes et odieuses mesures arrêtées à Washington en 1830.

« Nous ne connaissons rien, dit ce journal, qui touche de plus près à la réputation de justice et d'intégrité du caractère américain, que l'affaire des tribus indiennes de la Géorgie et d'Alabama, et spécialement des Cherokees dans le premier de ces deux états. L'acte adopté par le congrès à la fin de la session complète le statut odieux et tyrannique de la législation de Géorgie, et imprime une tache ineffaçable sur la politique des Etats-Unis, lesquels viennent de violer ouvertement leur foi, clairement engagée à plusieurs reprises dans une multitude de conventions et de traités plus solennels les uns que les autres. »

« Ce qui rend plus déplorable l'expulsion des Indiens de leur terre natale, c'est qu'ils cédaient rapidement à la force de l'exemple ; c'est qu'ils avaient renoncé à leur vie de chasseurs et à leurs habitudes vagabondes ; c'est qu'ils devenaient des agriculteurs laborieux ; c'est que le pouvoir tyrannique et brutal qui vient de violer à leur égard la foi des traités, ne les bannit pas seulement comme autrefois de leurs terrains de chasse, de leurs cantons de prédilection, du voisinage des ossements ensevelis de leurs pères, mais bien de leurs maisons que leurs progrès vers la civilisation leur avaient enseigné à rendre commodes et agréables ; mais bien des champs qu'ils avaient labourés et dont ils étaient fiers ; mais bien des moissons qui couvraient ces champs et qui étaient les fruits de leurs sueurs. Et pourquoi cette odieuse injustice ? Pour ajouter quelques milliers d'arcs de territoire à l'état à moitié désert qui les louchait !

Parmi les différents chefs d'accusation portés par notre voyageuse contre les Américains, il n'en est point sur lequel elle insiste davantage et revienne plus souvent que la grossièreté de leurs habitudes, elle défaut de politesse et d'élégance de leurs manières. Cette culture du goût qui non-seulement sauve la bonne société européenne de toute habitude grossière, mais encore répand je ne sais quelle fleur de délicatesse, plus aisée à sentir qu'à définir, sur tous les sentiments, sur toutes les actions, et jusque dans les mouvements et le langage d'un homme bien élevé ; cette culture du goût n'existe pas en Amérique. C'est une des choses qui ont rendu le plus désagréable à mistress Trollope le séjour de ce pays: aussi y revient-elle à chaque instant. La rudesse des habitudes américaines la frappe d'abord dans la société du bateau à vapeur, sur lequel elle remonte le Mississipi.

« Les gentilshommes de la cabine, à en juger par leur langage, leurs manières et leur tournure, n'auraient certainement pas reçu ce nom en Europe. Mais aux titres de colonel, de général, de major qu'ils se donnaient, nous reconnûmes bientôt qu'ils avaient des droits bien fondés à cette désignation. Tant de dignités militaires réunies sur un bateau m'étonnaient, et quelque temps après je demandai à un Anglais de mes amis ce que cela signifiait ; il me répondit qu'ayant fait le même voyage dans la même société, et ayant remarqué que parmi tant d'officiers supérieurs il ne se trouvait pas un seul capitaine, il en avait demandé la raison à un des passagers. « Oh ! monsieur, lui avait répondu celui-ci, les capitaines sont sur le pont. »

« Le défaut absolu de politesse à table, la vorace rapidité avec laquelle les viandes étaient saisies et dévorées, l'étrange construction des phrases, et la prononciation plus étrange encore, l'insupportable crachement dont il était absolument impossible de préserver ses vêtements, l'effrayante habitude de se servir de couteau en guise de fourchette et de renfoncer jusqu'au manche dans la bouche, et l'habitude non moins effrayante de nettoyer ses dents avec un canif, tout cela nous fit sentir que nous n'étions point environnés des généraux, des colonels et des majors de l'ancien monde, et que l'heure du dîner ne serait pas pour nous, durant la traversée, une heure agréable.»

Elle retrouve la même grossièreté au théâtre de Cincinnati.

« Le théâtre était assez passable à Cincinnati, bien que la pauvreté des recettes ne permît pas un grand luxe de décorations. Mais ce qui était infiniment plus choquant que des décorations fanées, c'étaient la tenue et les habitudes des spectateurs. Les hommes paraissaient aux premières loges sans habits, et j'en ai vu qui avaient les manches retroussées jusqu'à l'épaule. Le crachement était perpétuel, et la double odeur des ognons et du wiskey aurait fait payer trop cher le jeu même d'un Talma ou d'un Kemble.

« Quant à la conduite et aux attitudes des honorables spectateurs, elle est parfaitement indescriptible. Les talons des uns posés sur le bord des loges, le dos des autres tourné du côté de l'auditoire, plusieurs étendus tout de leur long sur les banquettes, telles sont quelques-unes des postures variées que rencontre le bon goût des Américains. Le bruit était continuel et de la nature la plus désagréable ; au lieu de battre des mains pour applaudir, ils jettent des cris et exécutent des roulements avec les pieds, et lorsque un accès de patriotisme les saisit, et que le chant de *Yankee Doodle* est demandé, on croirait que la réputation civique de chaque spectateur dépend de la quantité» de bruit qu'il fait. » Même chose dans tous les théâtres de l'Union, même dans celui de Washington.

« On crachait continuellement, et sur dix hommes il n'y en avait pas un qui fut assis comme une créature humaine. Les pieds de l'un étaient posés sur le bord de la loge, ceux de l'autre appuyés contre un des côtés. Par ci, par là un sénateur couvrait de son corps toute la longueur d'une banquette, et sur plusieurs points le devant des loges servait de sièges à ceux qui les occupaient.

« Je vis un beau jeune homme d'une mise très-recherchée, et qui était certainement un personnage de distinction, introduire ses deux doigts dans la poche de son élégant gilet de soie, en extraire délicatement ce que je n'ose appeler de son nom, et le déposer gravement au fond de sa bouche. »

Contentons-nous de dire que ces habitudes et cette tenue sont celles des juges dans les tribunaux, des représentants du peuple dans la salle du congrès, et des hommes de la meilleure société dans les salons, et hâtons-nous de laisser là ces formes extérieures pour en venir au défaut plus intime dont elles ne sont que l'expression la plus choquante, la grossièreté du goût lui-même, l'absence de raffinement, comme dit mistress Trollope ; et là-dessus, laissons la parler, elle est sur son terrain, et dira beaucoup mieux que nous,

Théodore Jouffroy

« Avant mon voyage aux États-Unis, je n'avais point l'idée du retour que l'impôt fait à ceux qui le paient, non-seulement sous forme de salaire de leur industrie, mais encore sous forme de jouissance et de plaisir. Si j'avais l'honneur de siéger au parlement d'Angleterre, au lieu de mettre les séditieux à la Tour, je les enverrais faire une promenade aux Etats- Unis. J'étais moi-même assez séditieuse à mon départ pour l'Amérique, mais je puis bien dire que je me suis trouvée complètement guérie avant d'avoir parcouru la moitié du chemin que j'y ai fait.

« Comme une autre, j'ai lu dans les livres de fort belles choses sur les *besoins simples et peu nombreux de l'homme de la nature*, et comme une autre j'ai admis, avec une foi implicite, cette belle maxime, que chaque nouveau besoin qu'on acquiert est une nouvelle source de privation et de misère. Mais j'ose dire que ceux qui raisonnent là-dessus, dans les salons parfumés de Londres, ne sont point du tout en position d'en bien juger. Si les besoins physiques étaient nos seuls besoins, ce qui suffit à L'animal suffirait à l'homme, et Dieu ne nous aurait pas donné d'autres facilités qu'à lui. Mais il n'en est point ainsi ; si nous cherchons de quoi se compose une heure de plaisir, nous trouverons qu'elle est faite d'une multitude de sensations agréables, produites par une multitude d'impressions, qui ont ému successivement presque toutes les fibres de notre constitution. Quand ces fibres, pour n'avoir jamais été touchées, sont encore endormies, les choses qui nous entourent importent moins parce qu'elles sont à peine senties ; mais lorsque toute notre nature est sur pied, lorsque chaque nerf éveillé est comme une touche qui rend un son, alors tout nous importe, parce qu'il n'est rien qui ne puisse être pour nous une occasion de souffrance ou de plaisir. Que les créatures humaines qui en sont là, se gardent bien de visiter les Etats-Unis, ou du moins que si elles y vont, elles ne s'y arrêtent que ce qu'il faut, pour mettre dans leur mémoire des images qui leur rendront plus douces par le contraste les habitudes de leur pays.

Guarda e passa (e poi) ragionam'di lor.

« J'ai fait connaissance à Cincinnati avec les beautés de la *vie simple*, et je puis dire qu'elle m'était plus désagréable encore par ses effets sur les manières des habitants que par les privations personnelles qu'elle m'imposait. Jusque-là, je ne m'étais pas fait une idée de la foule des sensations agréables que donnent la demi-élégance et la demi-civilisation auxquelles sont parvenues les classes moyennes en Europe. A toute minute nous nous sentions choqués d'une foule de petites choses trop futiles même pour être consignées dans ces pages frivoles, et qui venaient péniblement nous rappeler que nous étions loin de notre chère patrie.

«Tous les besoins physiques trouvent abondamment de quoi se satisfaire à Cincinnati, et à très-bon marché. Mais hélas ! ce n'est là qu'un bien petit chapitre dans l'histoire d'un jour agréable. Le défaut universel et absolu de manières dans les deux sexes est si remarquable, que j'étais constamment occupée à en chercher l'explication. Assurément il ne vient pas d'un défaut d'intelligence : j'ai entendu en Amérique beaucoup de conversations lourdes et ennuyeuses ; mais (sauf la classe toujours privilégiée des jeunes personnes) je puis dire que j'en ai rarement entendu de sottes. Les Américains ont l'intelligence nette et l'esprit actif: s'ils sont ignorants, c'est plutôt sur les sujets qui n'ont qu'une valeur conventionnelle que sur ceux qui ont une importance réelle. Mais il n'y a ni charme ni grâce dans leur conversation ; à peine durant tout mon séjour parmi eux ai-je entendu une phrase élégamment tournée et correctement prononcée, sortir de la bouche d'un Américain : il y avait toujours, soi dans l'expression, soit dans l'accent, quelque chose qui blessait le sentiment et choquait le goût.

« Laquelle vaut le mieux d'une personne qui a besoin d'élégance dans les manières et les habitudes de la société qui l'entoure, ou d'une autre qui est incapable de la sentir ? c'est ce que je ne prétends pas décider : mais ce qu'il y a de sûr, c'est qu'en Amérique, cette politesse qui consiste à ne pas laisser voir les sentiments de notre nature qui peuvent être désagréables aux autres, est complètement inconnue ; on ne la rêve pas même. La vie matérielle est très-confortable dans les grandes villes ; on y rencontre même quelque luxe. A n'en juger que par le dehors, ces villes sont, comme Londres et Paris, de vastes associations d'êtres actifs et intelligents. Mais de près et sous le rapport moral, la différence est prodigieuse. Et que quelque Américain raisonnable (comme les Etats-Unis en renferment des millions), ne vienne pas me demander ce que je

Théodore Jouffroy

veux dire par là ? Il me serait difficile, probablement impossible de le lui expliquer : mais en revanche, il n'existe pas un seul Européen qui, après avoir visité l'Union, trouve la moindre difficulté à me comprendre. Je ne suis point un juge compétent des institutions politiques de l'Amérique, et si je me hasarde de loin en loin à faire une observation sur leurs effets, c'est en passant et comme une femme qui peut bien dire ses impressions, mais qui n'a point la prétention de les justifier. Mais les nations ont une physionomie dont les femmes sont aussi bons juges que les hommes, et on peut s'en rapporter à elles sur tout ce qui constitue la forme extérieure de la société.

« Le capitaine Hall nous dit que si on lui demandait ce qui constitue la différence entre un Anglais et un Américain, il répondrait, le défaut de loyauté. Cette réponse est celle d'un brave et loyal marin. Que si l'on me faisait la même question, la mienne serait : *C'est le défaut d'élégance.*

«Si les Américains se résignaient à être ce qu'ils sont, et acceptaient franchement la vie toute unie des Suisses aux jours de leur pittoresque simplicité (et remarquons cependant que les Suisses alors ne chiquaient point), il serait tout-à-fait absurde et de mauvais goût de les critiquer. Mais il n'en est point ainsi. L'Américain a la prétention d'être gentilhomme accompli, et de plus celle de l'être à sa manière ; car n'est-il pas né libre ? Et cependant s'il veut entrer en rivalité avec l'ancien monde, l'ancien monde a un droit dont il use et dont il continuera d'user, celui d'examiner les titres du nouveau à cette prétention.

« Je n'ai rien à démêler avec les heures que les Américains consacrent aux affaires, je ne doute pas qu'ils ne les emploient d'une manière sage et profitable ; mais quant aux heures de récréation, à ces heures qui s'écoulent pour nous dans les jouissances des plaisirs réunis de l'art et de la nature, à ces heures dont la présence de la beauté et l'élégance des manières rachètent les excès passagers ; quant à ces heures, elles m'appartiennent, et j'ai le droit d'examiner ce qu'en font les Américains. Les dîners même ne sauraient être comparés dans les deux pays : des Américains m'ont dit qu'ils ne pouvaient y apercevoir aucune différence ; mais d'abord il est très-rare qu'on dîne en société aux Etats-Unis ailleurs que dans les tavernes et les pensions bourgeoises ; et de plus, tout le plaisir se réduit à manger avec la plus grande rapidité possible et dans le plus profond silence. Des Américains m'ont avoué que l'heure de la plus haute volupté gastronomique pour les hommes était celle où un verre de genièvre ou de punch aux œufs puisait dans l'absence de toute contrainte, et par conséquent des femmes, son plus haut degré de saveur.

« Malgré tout cela, les Etats-Unis sont un beau pays, digue d'être visité par mille raisons. Sur ces mille raisons, neuf cent quatre-vingt-dix-neuf sont tirées de ses mérites même ; le millième pour moi est l'attachement plus grand qu'il m'inspire pour le mien. »

Mistress Trollope cherche les causes de cette absence de goût et d'élégance, et la trouve dans le rôle subalterne, pour ne pas dire servile, auquel les femmes sont condamnées en Amérique, et principalement dans l'éloignement où leurs maris les tiennent de tous leurs plaisirs. Continuons de citer.

« Les dispositions pour le souper me parurent très-singulières et caractérisent éminemment le pays. Une table magnifiquement servie dans une vaste salle attendait les hommes ; ils allèrent y prendre place. Les femmes restèrent dans la salle de danse, et bientôt on leur apporta à chacune une assiette. Elles continuèrent de se promener tristement cette assiette à la main, pendant qu'on était occupé des hommes. A la fin, des domestiques parurent avec des pyramides de sucreries, des gâteaux et des crèmes. Alors toute la troupe s'assit sur une file de chaises placées le long des murs, et chacune faisant une table de ses genoux commença à manger d'un air triste et ennuyé.

« Le contraste de ces pauvres femmes abandonnées et de leur maigre souper, avec le splendide festin et la salle éclatante de lumières réservée aux hommes, était aussi absurde que comique.

«J'appris que je ne devais attribuer cet arrangement ni à des vues d'économie, ni au défaut d'une salle assez vaste pour contenir toute la société. La seule raison qu'on m'en donna, c'est qu'il était plus agréable aux hommes d'être seuls. Cette réponse qu'on me fit, me fut ensuite répétée par une foule de personnes à qui j'adressai la même question.

Théodore Jouffroy

« Je cite cet usage, non-seulement parce qu'il est général en Amérique, mais parce que j'y vois une des principales causes de cette absence absolue de bonnes manières et d'habitudes élégantes, si remarquable chez les hommes et chez les femmes de ce pays.

« On ne saurait s'attendre à trouver dans une république la recherche et l'élégance de manières que l'existence d'une cour qui en inspire le goût, répand à quelque degré parmi toutes les classes dans les monarchies. Mais cette cause ne saurait suffire pour expliquer la rudesse de la société américaine ; et la manière dont les heures consacrées au plaisir y sont employées, concourt sans aucun doute à la produire. Partout, les heures de délassement ont de l'importance aux yeux des hommes, et partout on les voit s'étudier à les employer le mieux possible. Ceux qui préfèrent la société s'attachent de préférence aux moyens d'y paraître aimables, et deviennent par cela même incapables de goûter les douceurs de la solitude ; ceux au contraire qui sont accoutumés à trouver leur plaisir dans la solitude, sont inhabiles à en mettre ou à en prendre beaucoup dans la société. Là où donc les deux sexes se plairont surtout à la société l'un de l'autre, chacun d'eux se prépaiera à y paraître avec avantage ; et là aussi nécessairement, les hommes s'abstiendront de mâcher du tabac et de cracher sans cesse, et les femmes de leur côté aspireront à quelque chose de mieux qu'à la gloire de faire du thé à la perfection.

« En Amérique, sauf la danse qui n'est guère d'usage que pour les personnes non mariées, tous les plaisirs des hommes impliquent l'absence des femmes. Elles sont exclues de leurs dîners et de leurs parties de jeux ; elles ne paraissent ni à leurs sociétés de musique ni à leurs soupers de clubs, ni à aucune de leurs réunions. Ajoutons que, quand on changerait cet usage, il resterait à imaginer un expédient, pour débarrasser les femmes des soins grossiers du ménage qui sont à leur charge. Même dans les états à esclaves, si elles ne sont point occupées à savonner et à repasser, à pétrir des pudings et des gâteaux la moitié du jour, et à les faire cuire l'autre moitié, encore sont-elles trop prises par les autres soins du ménage et la surveillance de la maison, pour devenir jamais des compagnes élégantes et éclairées de leurs maris. J'ai rencontré à Baltimore, à Philadelphie et à New-York, quelques exceptions à ce fait ; mais il n'en reste pas moins exactement vrai dans sa généralité. » Cet isolement des deux sexes qui fait que l'un reste grossier et l'autre insignifiant, est presqu'absolue en Amérique.

« La séparation des deux sexes dont j'ai si souvent parlé, n'est nulle part plus remarquable qu'à bord des bateaux à vapeur. Parmi les passagers se trouvaient un gentilhomme et sa femme qui semblaient souffrir beaucoup de cet arrangement. Cette dernière était malade, et le mari lui rendait tous les soins que les usages pouvaient lui permettre. Quand l'heure du dîner venait et que le maître d'hôtel ouvrait la pièce de communication entre les convives, il était toujours près de la porte pour lui donner la main et la conduire à sa place, et quand, le dîner fini, il fallait sortir, il la ramenait et s'efforçait toujours de prolonger de quelques minutes le plaisir d'être avec elle. Une ou deux fois quand nous étions toutes sur le balcon, et que sa femme restait seule dans la cabine, il se hasarda d'y pénétrer et de s'asseoir un moment à côté d'elle ; mais dès que l'une de nous revenait, il se levait tout confus et se sauvait comme un coupable.

«Les hommes fument et boivent beaucoup sur les bateaux à vapeur, et ces deux circonstances contribuent sans doute à rendre plus stricte l'exécution des règles du décorum américain ; car quoiqu'ils ne se gênent en aucune manière pour cracher et mâcher du tabac en présence des femmes, en général ils aiment mieux boire et jouer en leur absence. »

Ailleurs mistress Trollope laisse échapper cette observation :

«Je remarquai qu'il n'était pas rare, à Washington, de voir une dame donner le bras à un homme qui ne fût ni son père, ni son frère, ni son mari. Ce relâchement remarquable dans le décorum américain, est probablement dû à la présence des légations étrangères. »

Une autre cause de la rudesse des hommes et de l'insignifiance des femmes, c'est que ni les uns, ni les autres, ne cultivent leur esprit. Le goût des lettres et des arts est, pour ainsi dire, inconnu en Amérique ; point de lectures, point de conversations littéraires, rien qui éveille l'imagination, étende la pensée, épure et ennoblisse les sentiments ; les hommes sont tout entiers à leurs affaires, et les femmes aux soins du ménage. Notre voyageuse sent et indique à merveille les conséquences d'un pareil régime.

Théodore Jouffroy

« Les États-Unis sont le pays du monde qui démontre le mieux l'immense utilité des habitudes littéraires, non-seulement pour étendre les idées, mais ce qui est infiniment plus important, pour épurer et ennoblir les mœurs. Durant mon séjour en Amérique, il ne m'est pas arrivé de rencontrer un homme de lettres qui mâchât du tabac et s'enivrât de whiskey ; mais en revanche il ne m'est pas arrivé de rencontrer, hors de cette classe, un seul Américain qui eût échappé à ces habitudes dégradantes. Cette influence est encore plus grande, s'il est possible, sur les femmes. Malheureusement, le goût des lettres est chose peu commune chez les Américaines, et pour en trouver des exemples, il faut bien chercher. J'en ai rencontré un vraiment admirable dans une jeune dame de Cincinnati. Entourée d'une société absolument incapable de l'apprécier et même de la comprendre, elle vivait au milieu de ce monde avec autant de simplicité et d'aisance, que s'il eût été composé d'êtres de son espèce. Jeune et belle, douée par la nature d'un esprit vif et d'un jugement pénétrant, elle avait eu le bonheur de trouver dans sa famille tous les moyens de cultiver les heureuses dispositions de son intelligence. Fille d'un homme de lettres qui l'avait associée à ses études avec la tendresse d'un père et la confiance d'un ami, elle avait reçu de bonne heure ces leçons de goût et ces habitudes de pensée qu'il est difficile de puiser au même degré dans une autre situation. Cette jeune dame était d'autant plus admirable, que ses études chéries ne la dérobaient à aucun des devoirs nombreux imposés aux femmes américaines. Compagne utile et assidue des travaux littéraires de son père, collaboratrice active de sa mère dans tous les soins du ménage, gouvernante attentive et tendre de l'enfant malade de sa sœur, faisant à elle seule tous les frais de son élégante garde-robe, ayant toujours avec cela du temps de reste, et toujours prête à recevoir avec la gaîté la plus aimable ses nombreuses connaissances, la plus animée dans la conversation, la plus infatigable au travail, il était impossible de la voir et d'étudier son caractère, sans comprendre que de telles femmes sont la gloire de tous les pays, et que, si l'espèce pouvait s'en multiplier en Amérique, elles ne tarderaient pas à y effacer jusqu'au dernier vestige de cette grossièreté d'habitude et de cette ignorance qui la dégradent. Imaginez dans un salon une cinquantaine de copies de ce charmant modèle, et demandez-vous après, si les hommes oseraient s'y présenter, les vêtements parfumés de wiskey, les lèvres jaunies par le tabac, et l'esprit convaincu que les femmes ne sont ici bas que pour faire des confitures, coudre des chemises, raccommoder des bas, et mettre au monde des présidents possibles ? Assurément non ; le jour où les Américaines découvriront quelle influence il leur appartient d'exercer, et qu'elles la compareront avec celle qu'elles exercent, ce jour-là il y aura quelque chose à espérer pour la civilisation de leur pays. Je n'ai pu vivre à Philadelphie, au milieu des femmes les plus jolies, les plus riches et les plus distinguées de l'Amérique, sans que le contraste de leur rôle dans la société avec celui des femmes du même rang en Europe ne se présentât de lui-même et d'une manière frappante à mon esprit. »

Et toutefois l'éducation des femmes est loin d'être négligée en Amérique ; mais elle y est plus fastueuse que bien entendue, et manque le but pour vouloir trop embrasser, on en jugera par le passage suivant.

« J'assistai aux exercices publics qui terminaient l'année scholaire d'une des écoles de filles de Cincinnati, et je ne vis pas sans surprise que les sciences les plus élevées étaient comprises dans le programme des études de ces charmantes créatures. Une jolie personne de seize ans prit ses degrés en mathématiques ; une autre fut examinée sur la philosophie morale ; elles rougissaient d'une manière si gracieuse et se montraient embarrassées ou interdites d'une façon si aimable, qu'un juge plus habile que moi aurait eu de la peine à décider jusqu'à quel point elles méritaient les diplômes qu'elles reçurent.

« Cette coutume de graduer les jeunes filles et de leur accorder des diplômes à la fin de leurs études était tout-à-fait nouvelle pour moi, et je ne me rappelle pas qu'un pareil usage ait jamais eu cours dans aucun autre pays. J'ai grand'peur que le temps accordé aux aimables graduées de Cincinnati, pour acquérir tant de sciences diverses, fût à peine suffisant pour en approfondir une seule ; trois mois de mathématiques et six d'économie politique, de philosophie, d'algèbre et de sections coniques doivent rarement, si je ne me trompe, avec la meilleure volonté de la part du maître et de l'élève, produire pour celle-ci un fonds de connaissances dans ces diverses sciences, capable de résister à la besogne de mettre au monde une demi-douzaine d'enfants et d'apaiser leurs larmes.

Voici un passage qui donnera une idée nette des résultats de cette ambitieuse éducation.

« Qu'on me permette de décrire ici la journée d'une dame de la haute société à Philadelphie, et l'on comprendra mieux la vérité des observations que je viens de faire.

« Je suppose que cette dame est la femme d'un sénateur ou d'un avocat très-occupé et d'une grande réputation ; elle a une très-jolie maison, avec un très-joli escalier et une très-jolie porte de marbre blanc, laquelle est garnie d'un bouton et d'un marteau d'argent ; elle a de très-jolis salons, très-joliment meublés, dans l'un desquels se trouve un buffet très-joli, couvert de très-jolis cristaux ; elle a de plus une très-jolie voiture avec un très-beau nègre libre pour cocher ; elle est toujours très-joliment mise, et par-dessus tout cela elle est elle-même très-jolie.

» Elle se lève, et la première heure de sa journée est consacrée à sa toilette, qu'elle fait avec un soin minutieux ; elle descend au parloir, tirée à quatre épingles, raide et silencieuse ; son valet de pied qui est aussi un nègre libre, place devant elle son déjeuner ; elle mange sa tranche de jambon et son poisson salé, et boit son café dans le plus profond silence, tandis que son mari lit un journal, le coude appuyé sur un autre ; après quoi pour l'ordinaire elle passe à l'eau les tasses et les soucoupes. Sa voiture est commandée pour onze heures ; il y a loin d'ici là ; elle se rend donc dans une petite pièce où elle fait de la pâtisserie, après avoir placé sa robe de soie couleur de souris sous la protection d'un tablier blanc. Vingt minutes avant l'arrivée de sa voiture, elle se retire dans sa chambre, comme on l'appelle, secoue et plie son tablier blanc, met la dernière main à sa riche toilette, et couronne l'œuvre en plaçant avec précaution sur sa tête son élégant bonnet et tous les accessoires qui en dépendent. Elle descend l'escalier et en atteint la dernière marche au moment précis où le nègre libre qui est cocher, annonce au nègre-libre qui est valet de pied, que la voiture attend. Elle monte en donnant pour mot d'ordre « à la Société Dorcas. » Son valet de pied reste à la maison pour nettoyer les couteaux ; mais son cocher est assez sûr des chevaux pour les abandonner à leur sagesse pendant qu'il ouvre la portière ; et sa maîtresse qui n'est point accoutumée à rencontrer la main d'un homme en pareille occasion, peut très-bien, quoique l'une des siennes soit chargée d'un panier à ouvrage, et l'autre d'un énorme paquet de ces indéfinissables bagatelles que les dames ont coutume d'offrir en tribut aux sociétés de bienfaisance, sortir de voiture sans aucun secours étranger. Elle entre dans le parloir préparé pour la réunion ; elle trouve sept autres dames absolument semblables à elle, et prend sa place autour de la table ; elle présente son offrande, qui est reçue avec un sourire aimable par le divan circulaire ; et ses coupons de draps, ses bouts de ruban, son papier doré, et ses cents d'épingles, vont se réunir aux coupons de draps, aux bouts de ruban, au papier doré et aux cents d'épingles qui couvrent déjà la table. Elle tire ensuite de son panier à ouvrage trois pelotes faites de sa main, quatre essuie-plumes, sept allumettes en papier de couleur et une boîte de montre en carton, qui sont accueillis avec acclamations, et que la plus jeune dame de la société va déposer avec soin sur des rayons, parmi une quantité prodigieuse d'articles de la même espèce. Cela fait, elle tire son dé et demande son ouvrage ou le lui apporte, et les huit dames cousent ensemble pendant quelques heures. Leur conversation roule sur les prêtres et sur les missions, sur le produit de la dernière vente et sur celui que la prochaine fait espérer ; sur la question de savoir si ce sera le jeune M. A... ou le jeune M. B... qui en recevra le montant, et qu'on mettra par là en mesure de partir pour Libéria ; sur l'horrible bonnet que portait à l'office du matin, le dimanche précédent, madame une telle ; sur le beau ministre qui occupait la chaire à l'office de l'après-diné, et sur la quête abondante de l'office du soir.

« Les aiguilles et les langues vont ainsi jusqu'à trois heures. A trois heures, on annonce la voiture de madame, qui retourne au logis avec son panier à ouvrage. Elle monte dans sa chambre, ôte et enferme soigneusement son bonnet et tout ce qui en dépend, met son tablier de soie noire festouné, va faire un tour dans la cuisine pour voir si tout est bien, et se rend de là dans la salle à manger, où, après avoir jeté un coup d'œil attentif sur la table préparée pour le dîner, elle s'assied, son ouvrage à la main, pour attendre son mari. Il arrive, lui donne une poignée de main, crache et se met à table. La conversation n'interrompant pas l'opération, en dix minutes le dîner est fini. ; le dessert et le vin de palmier, le journal et le sac à ouvrage succèdent. Dans la soirée, le mari, qui est un savant, se rend à la société Wister, et après, fait un whist avec un voisin, et jour serré. Un jeune missionnaire et trois membres de la société Dorcas viennent prendre le thé avec sa femme ; et ainsi finit la journée. »

Le passage suivant prouve encore mieux, combien la vie de famille est étrangère aux goûts et aux habitudes américaines.

« Par des raisons qu'une intelligence anglaise n'est point capable de comprendre, un grand nombre de jeunes ménages, au lieu d'avoir une maison, se mettent en pension à l'année dans un hôtel, où ils logent en garni, et mangent à table d'hôte.

« A la vérité, il est rare que les familles qui vivent ainsi, jouissent d'une fortune considérable ; mais un grand nombre du moins occupent un rang dans la société qui, parmi nous, semblerait incompatible avec une telle situation. Quoi qu'il en soit, je ne puis rien imaginer de plus propre à consolider l'insignifiance des femmes, que de les marier à 17 ans, et de les placer ainsi en pension dans un hôtel ; j'ajoute que je ne puis concevoir une vie d'une plus ennuyeuse monotonie pour elles. Il semble toutefois qu'elles n'en jugent point ainsi, car plusieurs m'ont déclaré que c'était à leurs yeux ce qu'il y avait de plus agréable, de n'avoir ainsi ni ordre à donner, ni souci à prendre. Mais elles ne m'ont point convertie, et en dépit de leurs assurances, j'ai toujours éprouvé un mélange de pitié et de mépris pour celles qui avaient adopté cette manière de vivre, ou qui avaient dû s'y résigner.

« Où en serait une jeune femme anglaise nouvellement mariée, si la tête et le cœur encore pleins des doux plans de bonheur domestique et d'arrangements intérieurs qu'elle a formés, elle se voyait tout à coup condamnée à subir une pareille vie. Quelle servitude que d'être obligée de se lever ponctuellement à l'heure du déjeuner, si l'on ne veut pas, en entrant dans la salle à manger, être accueillie par une sèche inclination de la maîtresse du logis, et en s'asseyant à la table commune, ne plus trouver d'œufs et n'avoir que du café froid. Je me suis souvent amusée à observer les petites scènes qui ont lieu dans ces occasions, et dans lesquelles les signes muets ont beaucoup plus de sens que les paroles proférées. La retardataire affamée jette un long regard autour de la table, et après s'être assurée qu'il ne reste point d'œufs, elle dit d'une voix haute et distincte : « Je mangerais volontiers un œuf. » Mais comme ces paroles ne s'adressent à personne en particulier, personne non plus ne répond, à moins que le mari ne se trouve à table, auquel cas il réplique : « Il n'y a plus d'œufs, ma chère. » La maîtresse du logis fait semblant de ne point entendre cette observation, et le vorace coupable qui a avalé deux œufs (car en Amérique il y a toujours autant d'œufs que de nez, ni plus ni moins) laisse percer l'embarras dans lequel le jette la conscience de sa faute. Le déjeuner s'achève dans un sombre silence, sauf quelques notes timides du perroquet ou du canari de la maison. Lorsqu'il est terminé, les hommes courent à leurs affaires, et les femmes désœuvrées regrimpent l'escalier, les unes jusqu'au premier, les autres jusqu'au deuxième, les autres jusqu'au troisième étage, en raison inverse du nombre de dollars qu'elles paient, et se claquemurent dans leurs chambres respectives. Quant à ce qu'elles y font, il n'est pas aisé de le dire ; mais je suppose qu'elles y savonnent et repassent un peu, qu'elles y cousent beaucoup, et que le reste du temps elles se balancent sur leur chaise. J'ai toujours remarqué que les dames qui vivaient en pension, portaient des collerettes et des pèlerines plus soigneusement travaillées et plissées que les autres, La charrue est à peine un instrument plus honoré en Amérique que l'aiguille. Aussi bien, comment les femmes pourraient-elles tuer le temps sans elle ? Et toutefois l'aiguille et le temps nuiraient par leur peser, si les matinées étaient aussi longues en Amérique que chez nous ; mais par bonheur elles y sont courtes, quoiqu'on y déjeune à huit heures. « C'est généralement à deux heures que les pensionnaires mâles se réunissent de nouveau aux pensionnaires femelles pour dîner. Hormis quelques paroles murmurées entre les maris et leurs femmes, ce repas est aussi silencieux que celui du matin. Quelquefois une solitaire bouteille de vin flanque l'assiette d'un ou deux individus ; mais elle n'ajoute rien à la gaîté de la réunion, et rarement plus d'une rasade à la bonne chère de son maître. Ce n'est ni à pareille heure, ni en pareil lieu que les gentilshommes de l'Union boivent. Le dîner est donc bientôt achevé, et si, quand la salle est évacuée, vous en sortez à votre tour et grimpez l'escalier par lequel se sont évanouis les convives, en passant successivement

Théodore Jouffroy

devant les appartements des épouses indulgentes qui viennent de vous quitter, vous sentirez s'en exhaler une odeur de cigare, qui vous aidera à vous représenter le genre de plaisir auquel les aimables couples se livrent. Si l'homme est un mari poli, aussitôt qu'il a fini de boire et de fumer, il offre son bras à sa femme jusqu'au coin de la rue où son magasin ou son bureau est situé, et là il la laisse, sauf à elle à tourner ses pas du côté qu'elle aime le mieux. Comme c'est l'heure où les femmes sont en toilette, elle va où elle a quelques chances d'être vue ; ou bien elle fait quelques visites ; ou bien elle entre à l'église, ou dans quelque boutique avec laquelle son mari fait des affaires ; puis elle rentre chez elle ! je me trompe, on n'est pas chez soi dans un hôtel. Non, elle rentre dans cette froide atmosphère d'une maison publique, où l'hospitalité est inconnue, que l'intérêt administre et non point l'affection, et où l'intérêt seul vous accueille. Les habitants de ce caravansérail se rencontrent de nouveau à l'heure du thé, où chacun s'efforce d'avoir le meilleur lot dans le partage du sucre et des gâteaux ; après quoi ceux qui ont le bonheur d'avoir des engagements pour la soirée, se hâtent de sortir, tandis que ceux qui n'en ont point, ou se retirent de nouveau dans leur chambre solitaire, ou ce qui me paraît encore pis, demeurent dans la salle commune, au milieu d'une société qu'aucun lien ne cimente, qu'aucune affection n'anime, dont tous les éléments ont été rapprochés par le hasard et peuvent être séparés de nouveau par le plus léger motif. Je remarquais que les hommes avaient toujours après le thé quelques affaires qui les obligeaient de sortir, et je le comprenais sans peine.

« Ce n'est pas ainsi que les femmes peuvent obtenir l'influence sociale qu'elles ont en Europe, et dont les philosophes comme les hommes du monde s'accordent à reconnaître les salutaires effets. C'est en vain que de savants collèges sont fondés pour l'éducation des jeunes personnes ; c'est en vain qu'on leur confère des degrés académiques ; une fois mariées, et toutes ces bribes d'une science fastueuse oubliées, la déplorable insignifiance des femmes américaines n'en apparait pas moins ; et j'ose dire qu'aussi longtemps qu'on ne les aura pas relevées de cet état de nullité, rien ne sera changé au ton et aux manières de la société américaine. »

Rien ne démontre mieux combien le goût est peu développé en

Amérique, que les singulières idées qu'on y a de ce qui est décent, et de ce qui ne l'est pas. Les anecdotes suivantes quelque futiles qu'elles soient, méritent d'être recueillies.

« Sur la porte d'une des salles du musée, on lit cette inscription : *Galerie des statues antiques. La porte était ouverte, mais un rideau tiré en dedans masquait l'intérieur de la salle. Comme je m'arrêtais pour lire* l'inscription, une vieille femme, qui probablement était la gardienne de la galerie, s'avança et s'adressant à moi avec un air mystérieux : « Vite, vite, madame ; entrez, c'est le moment ; personne ne peut vous voir, dépêchez-vous. »

« Je demeurai toute surprise, et retirant mon bras dont elle s'était emparée, sans doute pour bâter mes mouvements, je lui demandai d'un air très-sérieux ce qu'elle voulait dire ?

« Oh ! madame, me répondit-elle, c'est que les femmes sont bien aises d'entrer seules dans la galerie, et quand il n'y a pas d'hommes pour les voir. »

« En pénétrant dans cette salle mystérieuse, la première chose qui me frappa, fut un avis au public par lequel on l'invitait à ne pas imiter le zèle de quelques visiteurs qui avaient mutilé de la manière la plus honteuse et la plus indécente un certain nombre de statues. Assurément, pareille chose ne serait pas arrivée sans l'absurde usage d'introduire à des heures différentes les hommes et les femmes. Aussi longtemps que les idées de pudeur des Américains ne se seront point épurées, il me semble que le mieux serait d'interdire absolument aux femmes l'entrée de cette galerie. Je n'ai jamais senti ma délicatesse alarmée en visitant celle du Louvre ; mais j'avoue que je me suis sentie offensée à Philadelphie, par le soupçon que je pouvais attacher mes regards sur des choses estimées indécentes. Du reste, toutes ces précautions grossières, et le ? sentiments qui les inspirent, et les résultats qu'elles produisent, peuvent donner une idée de cette fausse délicatesse dont les Américains s'enorgueillissent, el qui donne une couleur si particulière à leur société.

« Deux figurantes, probablement exportées de l'Ambigu-Comique ou de la Gaîté, et du reste fort insignifiantes, débutèrent à Cincinnati pendant que j'y étais quand Mercure lui-même serait descendu du ciel, et aurait dansé un solo, sa divinité n'aurait pas

Théodore Jouffroy

produit une plus violente sensation. Cependant l'étonnement et l'admiration ne furent pas les seuls sentiments que nos deux artistes excitèrent ; l'horreur et l'effroi s'y joignirent à un degré presqu'égal. Personne que je sache n'hésitait à reconnaître en elles d'admirables danseuses, mais tout le monde convenait avec la même unanimité, que jamais la morale des états de l'ouest ne se relèverait du coup que ces fatales Syrênes venaient de lui porter. Lorsqu'on me demanda si j'avais vu de ma vie chose si horrible, je ne sus que répondre, car nos danseuses avaient pris tous les soins imaginables pour ne point choquer, soit dans leur mise soit dans leur danse, la goût susceptible des Américains. Mais Virginie dans sa plus transparente toilette, ou Taglioni dans ses pirouettes les plus hardies, n'auraient pas excité une plus grande réprobation. Les dames abandonnèrent entièrement le théâtre, les hommes murmuraient et détournaient la tête lorsqu'il était question de ce scandale ; le clergé dénonça les malheureuses du haut de la chaire ; et si on les nommait dans les meetings, ce n'était que pour exprimer la profonde horreur qu'elles inspiraient. Quant à moi, je me demandais si la vertu était une plante qui croît dans un pays sous une certaine forme et qui fleurit ailleurs sous une autre ? Quels misérables pécheurs nous sommes, si les Américains de l'ouest ont raison ! En vérité, c'est une question bien embarrassante.

« Mais ce ne fut pas le seul point sur lequel je trouvai mes idées du bien et du mal entièrement confondues ; chaque jour m'apprenait que des actions qu'on m'avait enseigné à considérer comme aussi légitimes que celle de boire et de manger, excitaient l'horreur des personnes qui m'entouraient ; une foule de mois que j'avais toujours prononcés sans le moindre scrupule m'étaient interdits, et je devais y substituer les périphrases les plus étranges. Il me paraît, je l'avoue, que malgré une certaine pruderie de mœurs qui surpasse de beaucoup celle des Scribes et des Pharisiens, l'imagination des Américains s'enflamme avec une alarmante facilité ; je pourrais citer beaucoup d'anecdotes, je me bornerai à un petit nombre :

«Un jeune Allemand, parfaitement bien élevé, vint un jour me trouver ; il était au désespoir ; il avait, sans le vouloir, offensé une des principales familles du voisinage ; et son crime était d'avoir, devant les dames, imprudemment prononcé le mot de corset. Par amitié pour lui. une vieille dame lui avait révélé la cause de la froideur avec laquelle il était reçu depuis ce malheureux jour ; elle l'avait fortement engagé à présenter ses excuses ; il me dit qu'il ne demandait pas mieux, mais qu'il se sentait très-embarrassé, et il me pria de lui donner mon avis sur la manière dont il devait s'y prendre. « Une Anglaise qui avait été longtemps à la tête d'un pensionnat dans une des villes de la côte, me dit que ce qui lui coûtait le plus de peine était de substituer dans l'esprit de ses élèves le sentiment de la vraie délicatesse à la pruderie toute puritaine dans laquelle elles avaient été élevées. Parmi beaucoup d'anecdotes qu'elle me raconta, je citerai celle d'une jeune personne de quatorze ans qui, en entrant au parloir où venait de la faire demander une dame de ses amies, et y trouvant un jeune homme qui accompagnait cette dame, se couvrit les yeux de ses mains et s'enfuit en criant : Un homme ! un homme ! un homme !

« Une autre fois, une de ses élèves montant l'escalier, rencontra un garçon de quatorze ans qui le descendait ; son agitation fut si grande, qu'elle s'arrêta tout court, jetant des cris et poussant des gémissements, et qu'elle ne voulut point passer jusqu'à ce que le jeune homme eût consenti à remonter l'escalier et à lui laisser le chemin libre.

« Il y a un jardin à Cincinnati où les habitants ont coutume d'aller pour respirer l'odeur des roses et prendre des glaces. Afin que les promeneurs ne touchassent point aux fleurs, le propriétaire avait imaginé de placer à l'entrée du parterre un poteau avec une espèce d'enseigne représentant une paysanne suisse, laquelle tenait dans sa main une inscription exprimant l'invitation de ne point cueillir les roses. Malheureusement pour l'artiste ou pour le propriétaire, ou pour tous les deux à la fois, le jupon de cette figure ne descendait pas jusqu'au talon ; cela fit frémir les dames de Cincinnati, et l'on signifia au propriétaire qu'il eût à allonger la jupe de sa paysanne, s'il voulait que le beau monde de la ville vînt visiter son jardin. Le marchand de glaces effrayé se hâta d'expédier un messager au malencontreux artiste, auteur du tableau. Celui-ci arriva fort empressé, mais malheureusement il avait oublié une partie de ses couleurs ; toutefois le cas était trop pressant pour admettre aucun délai ; une bordure bleue fut donc ajoutée à un cotillon rouge, et la figure est encore là pour attester à tous les passants l'immaculée délicatesse des dames de Cincinnati.

Théodore Jouffroy

« J'étais quelquefois tentée, je l'avoue, de soupçonner que cette excessive pruderie n'avait pas des racines bien profondes. Elle me semblait moins indiquer une délicatesse vraie, qu'une grossièreté d'imagination qui avait besoin d'un voile, mais qui ne parvenait pas à l'ajuster avec grâce. Ces mêmes femmes que je voyais prêtes à s'évanouir à l'idée d'une statue, laissaient parfois échapper des saillies qui me confondaient et qui me faisaient comprendre que l'indélicatesse dont on nous accuse, nous autres femmes de l'Europe, a ses limites. J'éprouve quelque embarras à raconter l'anecdote suivante, mais elle explique trop bien ma pensée pour être omise. « Une jeune dame mariée, appartenant à la haute société, de la pruderie la plus sévère, et qui avait été élevée dans un des pensionnats les plus distingués de l'Amérique, me raconta un jour que sa maison, située à un demi mille de la ville, avait malheureusement pour vis-à-vis une autre maison d'une réputation plus que douteuse. « C'est une chose abominable, me dit-elle, de voir les gens qui entrent là et de penser aux dangers auxquels ils s'exposent. Une de mes amies et moi nous jouâmes, l'été dernier, un beau tour à l'un d'eux. Elle passait la journée avec moi, et comme nous étions assises près de la fenêtre, nous vîmes un jeune homme de notre connaissance mettre pied à terre devant cet horrible lieu. Nous nous dépêchâmes bien vite de descendre au jardin et de nous mettre en sentinelles à la porte pour guetter son retour. Quand nous le vîmes revenir, nous sortîmes tout à coup et je lui dis : « N'êtes-vous pas honteux, monsieur, de passer et de repasser ainsi devant la porte de notre maison ? » Je n'ai jamais vu un homme si déconcerté. »

« Il m'arriva un jour de dire à une jeune dame qu'une partie de campagne, dans un lieu que je lui désignais, serait délicieuse, et que j'avais le dessein de la proposer à quelques-uns de nos amis. Elle convint que rien ne serait plus agréable. « Mais je crains, ajouta-t-elle, que vous ne réussissiez pas ; nous ne sommes pas accoutumées à de pareilles choses, et je crois, pour ma part, qu'il n'est pas convenable à des femmes de s'asseoir sur l'herbe avec des hommes. »

« Parmi les exemples de cette espèce de modestie que nous n'avons pas, et qui est particulière aux Américaines, en voici un dont j'ai été fréquemment témoin, et qui, tout en manifestant la délicatesse des dames, a l'avantage d'être pour les hommes une occasion d'excellentes plaisanteries. Une jeune femme est occupée à faire une chemise (je n'ai pas besoin d'avertir que ce serait le comble de la dépravation de prononcer cet épouvantable mot) ; un homme entre et commence le spirituel dialogue que voici :

— Que faites-vous, miss Clarice ?

— Une camisole pour la poupée de ma sœur, monsieur.

— Une camisole ? impossible ! Il est évident que ce n'est pas une camisole. Allons, miss Clarice, confiez-mci ce que c'est.

— Ne voyez-vous pas que c'est un tablier pour une de nos négresses, monsieur Smith ?

— Comment pouvez-vous dire pareille chose, miss Clarice ? pourquoi, si c'était un tablier, réuniriez-vous ainsi les deux côtés de la toile ? En vérité, vous me devez une meilleure explication. — Alors, monsieur, puisque on ne peut rien vous cacher, je vous dirai que c'est une taie d'oreiller.

— Cela ne passera pas, miss Clarice. Ce serait donc l'oreiller d'un géant. Devinerai-je ?

— Finissez-donc, monsieur Smith, et voyez vous-même ; car je ne sais plus que vous dire.

Longtemps avant que la conversation arrive à ce point, de longs éclats de rire sont échangés entre les interlocuteurs. Je vis un jour une jeune dame tellement mise aux abois par un spirituel dandy, que, pour prouver qu'elle faisait un sac, et pas autre chose qu'un sac, elle ferma par une bonne couture le bas de sa chemise, après quoi elle la lui montra d'un air triomphant en s'écriant : « Là, maintenant ! qu'avez-vous à répondre à cela ? »

Nous terminerons ces extraits beaucoup trop nombreux sans doute, en mettant sous les yeux de nos lecteurs la conclusion du livre de mistress Trollope. Elle mérite d'être lue.

« Les choses qu'on a lues dans ce livre auront assez fait comprendre, je suppose, que je n'aime pas l'Amérique, Je l'avoue, et je m'en étonne moi-même. J'y ai laissé des amis qui ont toute mon admiration, et qui ne sortiront jamais de mon cœur ; le pays m'a paru beau, son

Théodore Jouffroy

territoire fertile, son industrie et son avenir pleins de grandeur et d'espérance. D'où vient donc ce sentiment ? J'ai besoin de m'en rendre compte à moi- même et de l'expliquer aux autres ; j'ai besoin de découvrir et de dire ce qu'il y a au fond de mes souvenirs, qui neutralise tout ce que j'ai vu de beau, de bon et de grand de l'autre côté de l'Atlantique, et m'inspire pour l'Amérique une invincible aversion.

« On a coutume de dire que ce qui fait le charme d'un pays, ce sont moins les choses que les personnes. La vérité de cette observation m'a toujours frappée, et plus d'une fois elle s'est présentée à mon esprit en Amérique. Je ne parle ni de mes amis, ni des amis de mes amis. Le petit nombre de patriciens qu'on y trouve forment une race à part ; ils vivent entre eux et pour eux, ne se mêlent point aux affaires publiques qu'ils abandonnent avec une espèce de dédain à leurs cordonniers et à leurs tailleurs, et ne représentent pas plus la nation américaine que la tête de Byron celles des autres pairs anglais. Je ne parle point de ces hommes-là ; je parle de la population américaine en général, telle qu'on la trouve dans les villes et dans les campagnes, dans les classes riches et dans les classes pauvres, dans les états du midi et dans ceux du nord. Or, cette race, je ne l'aime pas ; je n'aime ni ses principes, ni ses manières, ni ses opinions.

«Je voudrais avoir le droit de dire aussi que je n'aime pas son gouvernement, je le dirais ; mais, comme femme et comme étrangère, je ne l'ai pas. Ce qu'il y a de certain, c'est qu'il leur plaît à eux ; et, après cela, il importe fort peu qu'il déplaise aux vieilles femmes du reste du monde. J'ai pénétré en Amérique par la Nouvelle-Orléans ; j'ai passé deux années entières à l'ouest des Alléganies, et une autre dans les villes de la côte. Durant ces trois années, j'ai conversé avec des citoyens de tous les rangs et de toutes les parties de l'Union ; et ce que je puis dire, c'est que je n'ai jamais entendu prononcer un mot, élever un doute, sur l'excellence du gouvernement. Quand donc les habitants du pays entendent des étrangers mettre en question la sagesse de leurs institutions et en désapprouver les effets, y a-t-il lieu de s'étonner qu'ils attribuent ou à l'incapacité ou à l'envie de semblables jugements ?

« Quoi ! vous mettez en doute l'existence d'un gouvernement qui nous régit depuis un demi-siècle, et que nous aimons mieux à mesure que nous le pratiquons davantage ! » Telle est l'exclamation bien naturelle de tout Américain à qui on conteste la bonté des institutions américaines ; et, sans aucun doute, la réponse est péremptoire. Je vais plus loin, et j'aime à croire que quiconque aura visité l'Amérique et connu les Américains, en reviendra avec cette conviction que ces institutions sont de toutes celles qui conviennent le mieux à un tel pays et à un tel peuple, et le moins à tout autre peuple et à tout autre pays.

« Soit que le gouvernement ait fait le peuple à son image, ou le peuple le gouvernement à la sienne, toujours est-il qu'ils se conviennent parfaitement ; et, si la dernière hypothèse est la véritable, jamais nation assemblée n'a fait preuve d'une sagesse aussi consommée et d'une aussi admirable sagacité.

« Tout le monde sait de quelle source est sortie la population de l'Amérique ; des émigrés volontaires et des bannis en formèrent le noyau primitif. Ces hommes trouvèrent une terre féconde qui récompensa généreusement leurs efforts. La colonie s'accrut et prospéra ; les enfants succédèrent aux pères, les petits-fils aux fils, et bientôt la race des premiers colons couvrit le sol, et y fit couler le lait et le miel. Qu'ils aient voulu que ce lait et ce miel fussent à eux, cela est tout simple ; car que faisait pour eux la mère-patrie ? Elle leur envoyait de brillants officiers pour garder leurs frontières, et ils les auraient bien gardées sans ces officiers. Elle imposait lourdement leur commerce, et ne leur donnait en échange qu'une faible part de ses faveurs et de sa gloire. Ce n'était point parmi eux qu'elle venait choisir ses sénateurs, ses ministres, ses amiraux. Des rayons qui s'échappaient du trône britannique, bien peu traversaient l'océan et venaient luire sur eux ; ils ne savaient rien de nos rois et de nos héros ; ils ne s'y intéressaient pas : leurs grands hommes à eux étaient leurs plus habiles négociants. Nos savantes universités n'étaient à leurs yeux que des foyers de superstition, la splendeur de notre aristocratie qu'un faux éclat entretenu par leur or ; la richesse, la science, la majesté de l'Angleterre, leur importaient peu ; le droit de marcher dans leur propre voie, beaucoup.

« Ce droit, peut-on les blâmer d'avoir voulu le conquérir ? Cette conquête, peut-on regretter qu'ils aient réussi à la faire ? Et le lendemain de leur triomphe que leur restait-il à faire et que firent-ils ? Les anciens de la nation se rassemblèrent, et dirent : « De quoi s'agit-il ? Il s'agit de nous donner un gouvernement qui nous convienne : qu'il soit donc et rude et austère et turbulent comme nous ; qu'il n'affecte ni la dignité, ni la gloire, ni la magnificence ; qu'il ne contrarie la volonté, qu'il ne s'interpose dans les affaires de personne ; n'ayons ni dîmes ni impôts, ni lois de chasse ni taxes des pauvres ; que tout citoyen participe à la confection de la loi, et qu'aucun ne soit trop rigoureusement tenu de la respecter ; que la pourpre ne couvre point nos magistrats, ni l'hermine nos juges ; si un homme devient riche, arrangeons-nous pour que son petit-fils soit pauvre, et ainsi nous maintiendrons l'égalité ; que chaque citoyen prenne soin de lui-même, et si l'Angleterre vient de nouveau nous attaquer, alors chacun combattant pour soi, nous saurons s'il est dans notre destinée de vaincre ou de succomber. »

« Pouvait-on, je le demande, imaginer rien de plus parfait qu'un tel gouvernement pour un tel peuple ? Il n'est donc pas étonnant qu'il en soit satisfait, et il l'est encore moins que des gens accoutumés à la tranquillité d'un autre ordre de choses, convaincus que par cet ordre de choses leur patrie peut être heureuse et prospérer sans le secours des bavardages et des cris, des froissements et des luttes dont l'Amérique est le théâtre, remercient Dieu avec ardeur de n'être point républicains.

« Jusque-là donc tout est bien. Que les Américains préfèrent une constitution qui leur convient si bien à d'autres qui ne leur conviennent pas du tout, ils sont dans leur droit, et nous n'y voyons rien à reprendre ; que, d'autre part, nous ne nous sentions aucune inclination à échanger des institutions qui nous ont fait ce que nous sommes, contre aucun autre système de gouvernement possible, ils devraient à leur tour et le trouver bon et le comprendre.

« Mais lorsqu'un Européen visite l'Amérique, il n'en est pas ainsi. Une tyrannie de la nature la plus extraordinaire s'appesantit sur lui ; une tyrannie qu'un étranger ne subit que là, et qu'on ne rencontre, si j'en puis juger par ma propre expérience, dans aucun autre pays civilisé.

«Le Français vient visiter l'Angleterre ; il est abîmé d'ennui à nos longs dîners ; il hausse les épaules à nos ballets ; il rit à gorge déployée de notre passion pour les chevaux, de notre prédilection pour le roast-beef et le plum-pudding. L'Anglais lui rend sa visite ;

en descendant de voiture, il court aux Variétés voir les *Anglaises pour rire*, et si du milieu des éclats de gaîté qu'excite cette pièce, vous entendez un éclat plus bruyant et qui dénote une sympathie plus cordiale, cherchez et vous trouverez qu'il sort de la bouche de cet Anglais.

« L'Italien débarque dans notre verte Angleterre, et tout d'abord, le climat lui en parait insupportable. Il jure que l'air qui altère une statue ne convient point à un homme ; il soupire après les orangers et le macaroni, et sourit aux prétentions poétiques d'une nation au sein de laquelle l'épopée n'est point chantée dans les rues. Et cependant nous accueillons le délicat habitant du midi avec bonté, nous écoutons avec intérêt ses plaintes, nous cultivons dans nos serres les orangers de sa patrie, nous apprenons le Tasse à nos enfants, dans l'espérance de lui être plus agréables.

« Et toutefois nous ne surpassons aucun peuple de l'Europe dans cette tolérance, et le désir de profiter de la censure des étrangers ne nous est point particulier. Nous rions de nos voisins, nous critiquons leurs ouvrages aussi librement qu'ils font des nôtres, et ils se mêlent à notre gaîté et ils adoptent nos modes et nos coutumes. Ces plaisanteries réciproques n'engendrent entre eux et nous aucun mauvais sentiment ; et tant que les gouvernements sont en paix, les individus des différentes nations de l'Europe se font un plaisir et nu point d'honneur de se visiter, de se voir, de comparer et de discuter les singularités qui les distinguent ; et tous, d'une opinion unanime, considèrent comme une preuve de bon sens et de bon goût d'emprunter à leurs voisins ce qui peut embellir la vie et en adoucir les sentiers.

« Les heureux effets de ce sentiment se font remarquer maintenant plus que jamais dans les différentes capitales de l'Europe. Vingt années de paix ont donné le temps à chaque nation d'emprunter ce qu'il y avait de bon dans les manières et les coutumes des autres, et il s'en est suivi un progrès rapide dans la civilisation et les idées de toutes.

« Pour quiconque est accoutumé à de telles relations et à un tel esprit, le contraste que présente le Nouveau-Monde est insupportable, et c'est là sans aucun doute une des principales causes de ce sentiment pénible avec lequel on se souvient des heures qu'on a passées en Amérique.

« Prononcez un mot, et que ce mot indique un doute que quelque chose en Amérique ne soit pas ce qu'il y a de mieux au monde, vous produirez autour de vous un effet qu'il faut avoir vu et senti pour le comprendre. Et cependant si les citoyens des Etats-Unis étaient les patriotes dévoués qu'ils ont la prétention d'être, à coup sûr ils ne consentiraient pas à s'enfoncer ainsi dans la conviction étroite qu'ils sont la première et la meilleure partie de la race humaine, qu'il n'y a rien qui vaille la peine d'être appris que ce qu'ils sont capables d'enseigner, et rien qui vaille celle d'être désiré que ce qu'ils possèdent eux-mêmes.

« Il serait difficile à l'intelligence humaine d'imaginer un plus puissant obstacle à tout perfectionnement qu'une telle conviction, et cependant je n'ai pas entendu un discours, je n'ai pas lu un livre adressé à la nation dans lequel on ne s'efforçât de l'imprimer dans son esprit.

« Ce n'est pas le moyen d'être agréable aux Américains que d'émettre l'idée qu'après tout, il n'est pas impossible que, dans sa marche silencieuse, le temps apporte un jour quelque modification à leur gouvernement adoré, et en vérité cependant ils auraient tort de concevoir une pareille crainte. Aussi longtemps que par un commun accord ils pourront tenir abaissée la prééminence attachée par la nature aux facultés supérieures, et empêcher le respect et la considération de se fixer sur l'élévation du génie, la noblesse des manières et la grandeur de la position sociale, ils peuvent être tranquilles ; leurs institutions subsisteront.

« On m'a dit qu'il y avait en Amérique des hommes qui verraient un changement avec plaisir, des hommes qui ont assez de sagesse et de candeur pour désavouer une égalité dont ils sentent et la fausseté et l'impossibilité.

«Je ne sais si ces hommes existent, mais jamais de pareilles opinions ne m'ont été communiquées ; tout ce que je puis dire, c'est que je serais heureuse de voirie pouvoir passer dans de telles mains.

«Si cet événement arrive un jour, si des idées plus libérales et des goûts plus élégants se répandent en Amérique, si ses habitants consentent enfin à faire quelque sacrifice aux grâces, et à accorder quelque considération aux sentiments plus délicats des nations policées, alors nous éprouverons un double plaisir, celui de dire adieu à l'égalité américaine, et celui d'accueillir dans la communauté européenne une des plus belles contrées du monde. »

ISBN : 978-1978171398

Théodore Jouffroy